大事なところをきちんと押さえる

結婚の段取りとしきたり

Plans & Customs Of Marriage

オフィース・マリアージュ
安部トシ子（監修）

マイナビ

はじめに

将来を誓い合ったお二人が、これからの人生をともに歩んでいくための大事な節目の儀式。それが結婚式です。

結婚式は「挙式」と「披露宴」の二つを総称して呼ばれます。

挙式は、お二人が「新しい家庭を築こう」と誓い合うための儀式です。

披露宴は、お二人がお祝いに参列していただく皆様に「ありがとうございます」、「よろしくお願いいたします」と新しい夫婦との末長いお付き合いをお願いするための場です。そのような場で「おめでとう！」と大勢の方からお祝いの言葉を掛けられるお二人は、大きな喜びと感動に包まれることでしょう。結婚式を機に、お二人とそこに出席された方々との関係は、より強く結ばれることと思います。

結婚式で、お二人が自分たちらしい式を行い、大勢の方々から祝福してもらいたいと思うのは自然なことです。「出席者に楽しんでもらうためにはどんな演出をしようかな」と考えるのはもちろん大切ですが、それは、結婚式の準備を進めるに当たって、押さえておかなければならないことのごく一部にしか過ぎません。結婚式には、式当日はもちろん、婚約や両家の顔合わせ、結納など、さまざまな場面で知っておかなければならないしきたりや決まり事がたくさんあるのです。

準備を進めるときは、まずはそれらのしきたりや決まり事を、お二人とご両親がしっかりと理解したうえで、それぞれの立場を尊重しながら足並みをそろえることが大切です。そのうえで、自分たちらしさを追求すれば、大きな意見の食い違いが生じることもないでしょう。

結婚式は、お二人の人生を切り開き、進み始める大切な出発の日です。お二人が思い描くものが実現できますよう、本書がその準備を進める際のガイド役としてお役に立てれば幸いです。

かけがえのない素晴らしい結婚式になりますように……。

オフィース・マリアージュ　安部トシ子

じっくり10カ月スケジュール

スケジュール

10カ月前

- □ お互いの両親へ報告とあいさつ
- □ 結婚式の時期を決める
- □ 結婚式のイメージを相談する
- □ 婚約スタイルを決める
- □ 会場の資料などを取り寄せる
- □ 結婚費用の予算の検討
- □ 仲人・媒酌人の検討
- □ 招待客のリストアップ
- □ ブライダルフェアや会場の下見
- □ 挙式・披露宴のスタイルを検討
  挙式（キリスト教式・神前式・人前式・仏前式・海外挙式）
  披露宴（ホテル・結婚専門式場・レストラン・ゲストハウス）
- □ 会場と日取りの決定

8カ月前

- □ 気に入った会場の予約（申込金支払い）
- □ 仲人・媒酌人の依頼
- □ 結納準備
- □ 衣装選び開始

ワンポイントアドバイス

●結婚の意思が決まったらなるべく早めにお互いの両親へあいさつしましょう。大切な結婚のファーストステップです。服装や言葉遣いなど、マナーに気をつけて、好印象を持ってもらえる振る舞いを心掛けましょう。

●結納品の内容や贈り方は地方によって異なります。また、結納金や結納返しなどさまざまな決まりがあるので、両親とも相談しながら決めていきましょう。

6カ月前

- □ 指輪を選ぶ（エンゲージリング・マリッジリング）
- □ 挙式スタイルの決定
- □ 披露宴スタイルの決定
- □ 結納・婚約食事会
- □ 衣装の決定（オーダーメイドの場合）
- □ 披露宴プログラムの検討
- □ 二次会の検討
- □ 招待客リストの作成

● 結納や顔合わせなどは、二人の結婚への重要なスタートラインです。両家が顔を合わせる貴重な場にもなるので、挙式スタイルや披露宴のスタイルを決めておけば相談などもしやすくなります。

3～2カ月前

- □ 招待客の決定
- □ 招待状の作成（招待状の筆耕依頼）
- □ 衣装の決定（レンタルの場合）
- □ スピーチ・余興の人選
- □ 司会者・受付の人選と依頼
- □ 写真・ビデオ撮影の依頼
- □ ヘアメイクの依頼
- □ 列席者の着付け・ヘアメイクの確認と依頼
- □ 引き出物・引き菓子・プチギフトを選ぶ
- □ 二次会の会場決定
- □ 二次会の招待状作成
- □ ブライダルエステに通う

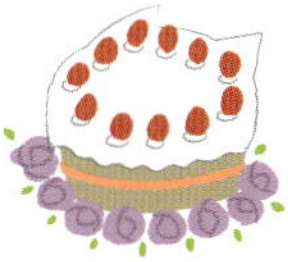

● 招待状の発送は挙式・披露宴の2カ月前までに済ませ、返信期日は1カ月前までにしましょう。

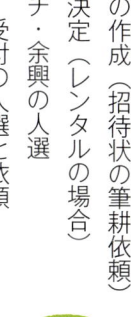

スケジュール

3～2カ月前

- □ 招待状の発送（披露宴・二次会）
- □ 料理・飲み物・ケーキの検討
- □ 会場装飾・装花の打ち合わせ
- □ ブーケ・ブートニアの手配
- □ 席次・レイアウトの検討
- □ ペーパーアイテムの作成（席次表・プロフィール表・席札・メニュー表・ウエルカムボードなど）
- □ 引き出物・引き菓子・プチギフトの決定
- □ 二次会のプログラムの検討
- □ 遠方からのゲストの宿泊・交通の手配

1カ月前

- □ 招待状の出欠はがきの整理
- □ 招待客人数の決定
- □ 料理・飲み物・ケーキの決定
- □ 披露宴プログラムの決定（司会者との打ち合わせ）
- □ BGMの検討、決定
- □ 最終見積もりの確認
- □ ヘアメイクのリハーサル

ワンポイントアドバイス

● 披露宴の料理選びは慎重に。できるだけ試食しましょう。招待客の要望などにも対応してもらえるか確認を。

● 席次決めは、両親にも相談しながら進めましょう。友人・知人には、楽しんでもらえるような席次を心掛けて。

- □ 式当日のハイヤーの手配
- □ 二次会の出席人数の確認
- □ 二次会幹事との打ち合わせ

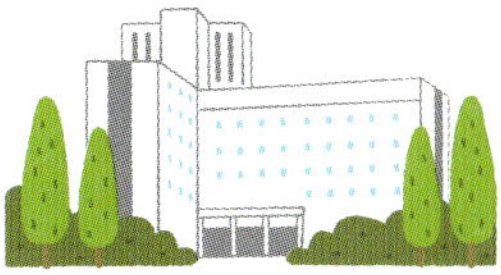

- スピーチ、余興、受付、撮影、司会、幹事など、係をお願いする人には、最終確認をしておきましょう。

2週間前～前日

- □ 挙式・披露宴料金の支払い
- □ 媒酌人へのあいさつ
- □ スピーチ・余興・諸係への確認
- □ あいさつの準備（謝辞・手紙）
- □ 最終エステ
- □ 衣装の最終確認
- □ 衣装・小物の搬入
- □ 会場担当者と最終確認
- □ ネイルケア
- □ お礼・心付けの用意
- □ 当日のスケジュール確認
- □ 当日お世話になる人へのあいさつ

当日

- □ お礼・心付けを渡す
- □ 挙式リハーサル
- □ スタッフへのあいさつ

- 当日は最高の笑顔でいること！心からの笑顔が何よりのおもてなしです。

短期でしっかり！ 3カ月スケジュール

3カ月前

スケジュール

- □ お互いの両親へ報告とあいさつ
- □ 婚約スタイルを決める
- □ 結婚費用の予算検討
- □ 仲人・媒酌人の検討
- □ 招待客のリストアップ
- □ ブライダルフェアや会場の下見
- □ 挙式のスタイルの決定（キリスト教式・神前式・人前式・仏前式・海外挙式）
- □ 披露宴スタイルの決定（ホテル・結婚専用式場・レストラン・ゲストハウス）
- □ 会場と日取りの決定
- □ 仲人・媒酌人の依頼
- □ 結納・婚約スタイルの検討、準備、実施
- □ 衣装決定
- □ 指輪を選ぶ（エンゲージリング・マリッジリング）

ワンポイントアドバイス

- 日取りや会場の決定、招待客のリストアップを早めに行っておけばスムーズに進められます。希望日で会場を選ぶのも一つの案です。

2カ月前

スケジュール

- □ 招待客リストの作成・決定
- □ 招待状の作成・発送
- □ 披露宴のプログラムの検討
- □ スピーチ・余興の人選
- □ 司会者・受付の人選・依頼
- □ 写真・ビデオ撮影の依頼
- □ ヘアメイクの依頼
- □ 列席者の着付け・ヘアメイクの確認・依頼
- □ 引き出物・引き菓子・プチギフトを選ぶ
- □ 二次会の会場決定・招待状作成・発送
- □ ブライダルエステに通う
- □ スピーチ・余興の依頼
- □ 料理・飲み物・ケーキの検討
- □ 遠方からのゲストの宿泊・交通の手配

ワンポイントアドバイス

- 招待状はあらかじめ、電話などで出欠を確認してから送りましょう。

1カ月前

- □会場装飾・装花の打ち合わせ
- □ブーケ・ブートニアの手配
- □ヘアメイクのリハーサル
- □席次・レイアウトの検討
- □ペーパーアイテムの作成（席次表・プロフィール表・席札・メニュー表・ウエルカムボードなど）
- □引き出物・引き菓子・プチギフトの決定
- □衣装の小物合わせ
- □二次会のプログラムの検討
- □招待状の出欠はがきの整理
- □招待客人数の決定
- □料理・飲み物・ケーキの決定
- □披露宴プログラムの決定（司会者との打ち合わせ）
- □BGMの検討、決定
- □最終見積もりの確認
- □二次会の出席人数の確認
- □二次会幹事との打ち合わせ

●進められるものはすべて進めておきましょう。細々としたペーパーアイテムなどはプロへお願いすると手間取りません。

2週間前～前日

- □挙式・披露宴料金の支払い
- □媒酌人へのあいさつ
- □スピーチ・余興・諸係への確認
- □あいさつの準備（謝辞・手紙）
- □最終エステ
- □衣装の最終確認
- □衣装・小物の搬入
- □会場担当者と最終確認
- □ネイルケア
- □お礼・心付けの用意
- □当日のスケジュール確認
- □当日お世話になる人へのあいさつ

●前日はゆっくりとできるように、準備を済ませておきましょう。

当日

- □お礼・心付けを渡す
- □挙式リハーサル
- □スタッフへのあいさつ

本書の見方

各準備をスムーズに進められるよう、ステップをチェックしながら進めてください。

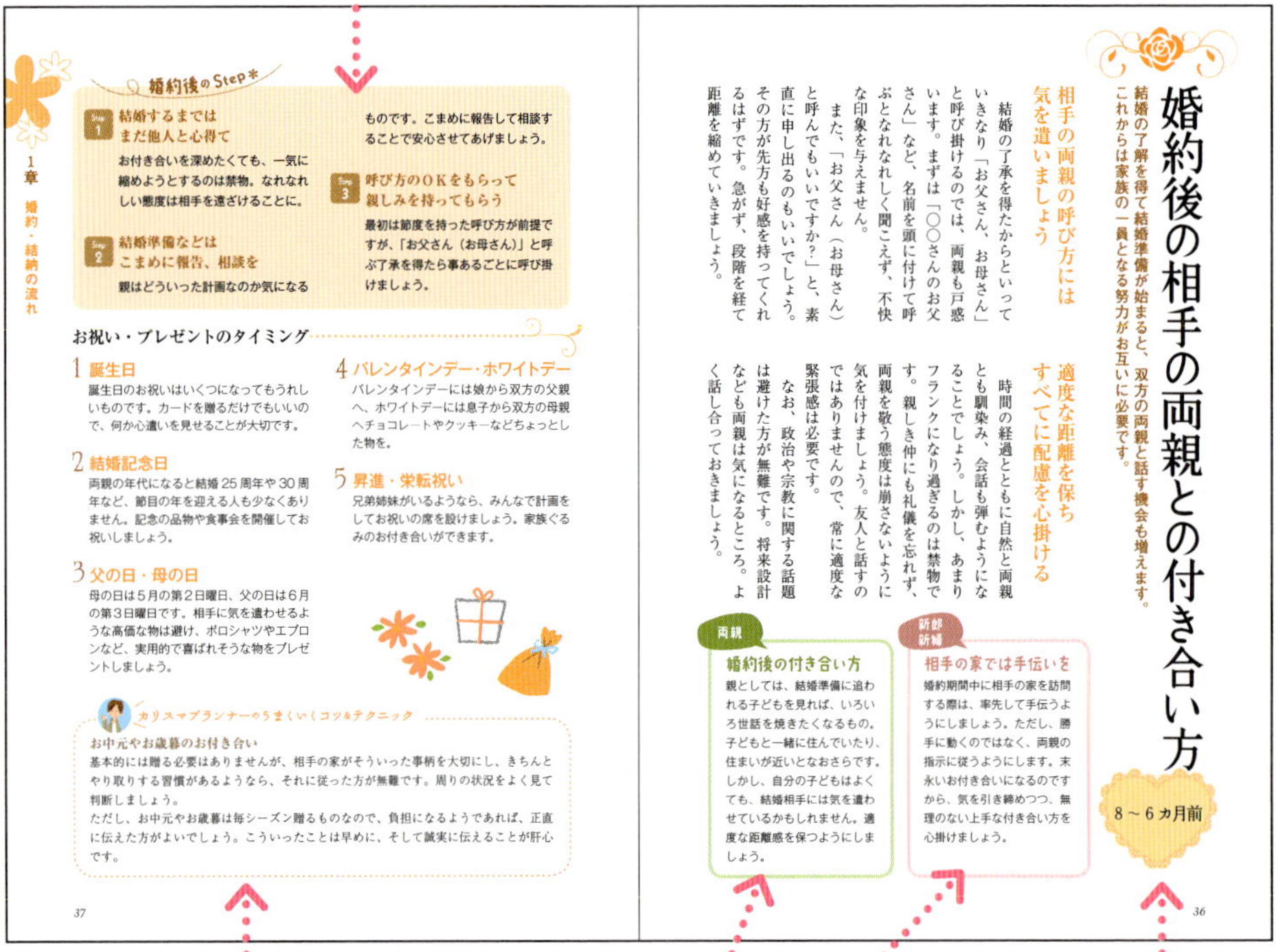

婚約後の相手の両親との付き合い方

結婚の了解を得て結婚準備が始まると、双方の両親と話す機会も増えます。これからは家族の一員となる努力がお互いに必要です。

8～6カ月前

相手の両親の呼び方には気を遣いましょう

結婚の了承を得たからといっていきなり「お父さん、お母さん」と呼び掛けるのでは、両親も戸惑います。まずは「○○さんのお父さん」など、名前を頭に付けて呼ぶとなれなれしく聞こえず、不快な印象を与えません。

また、「お父さん（お母さん）と呼んでもいいですか？」と、素直に申し出るのもいいでしょう。その方が先方も好感を持ってくれるはずです。急がず、段階を経て距離を縮めていきましょう。

適度な距離を保ちすべてに配慮を心掛ける

時間の経過とともに自然と両親とも馴染み、会話も弾むようになることでしょう。しかし、あまりフランクになり過ぎるのは禁物です。親しき仲にも礼儀を忘れず、両親を敬う態度は崩さないように気を付けましょう。友人と話すのではありませんので、常に適度な緊張感は必要です。

なお、政治や宗教に関する話題は避けた方が無難です。将来設計なども両親は気になるところ。よく話し合っておきましょう。

両親

婚約後の付き合い方

親としては、結婚準備に追われる子どもを見れば、いろいろ世話を焼きたくなるもの。子どもと一緒に住んでいたり、住まいが近いとなおさらです。しかし、自分の子どもはよくても、結婚相手には気を遣わせているかもしれません。適度な距離感を保つようにしましょう。

新郎新婦

相手の家では手伝いを

婚約期間中に相手の家を訪問する際は、率先して手伝うようにしましょう。ただし、勝手に動くのではなく、両親の指示に従うようにします。末永いお付き合いになるのですから、気を引き締めつつ、無理のない上手な付き合い方を心掛けましょう。

36

1章 婚約・結納の流れ

婚約後のStep＊

Step 1 結婚するまではまだ他人と心得て

お付き合いを深めたくても、一気に縮めようとするのは禁物。なれなれしい態度は相手を遠ざけることに。

Step 2 結婚準備などはこまめに報告、相談を

親はどういった計画なのか気になるものです。こまめに報告して相談することで安心させてあげましょう。

Step 3 呼び方のOKをもらって親しみを持ってもらう

最初は節度を持った呼び方が前提ですが、「お父さん（お母さん）」と呼ぶ了承を得たら事あるごとに呼び掛けましょう。

お祝い・プレゼントのタイミング

1 誕生日

誕生日のお祝いはいくつになってもうれしいものです。カードを贈るだけでもいいので、何か心遣いを見せることが大切です。

2 結婚記念日

両親の年代になると結婚25周年や30周年など、節目の年を迎える人も少なくありません。記念の品物や食事会を開催してお祝いしましょう。

3 父の日・母の日

母の日は5月の第2日曜日、父の日は6月の第3日曜日です。相手に気を遣わせるような高価な物は避け、ポロシャツやエプロンなど、実用的で喜ばれそうな物をプレゼントしましょう。

4 バレンタインデー・ホワイトデー

バレンタインデーには娘から双方の父親へ、ホワイトデーには息子から双方の母親へチョコレートやクッキーなどちょっとした物を。

5 昇進・栄転祝い

兄弟姉妹がいるようなら、みんなで計画をしてお祝いの席を設けましょう。家族ぐるみのお付き合いができます。

カリスマプランナーのうまくいくコツ＆テクニック

お中元やお歳暮のお付き合い

基本的には贈る必要はありませんが、相手の家がそういった事柄を大切にし、きちんとやり取りする習慣があるようなら、それに従った方が無難です。周りの状況をよく見て判断しましょう。

ただし、お中元やお歳暮は毎シーズン贈るものなので、負担になるようであれば、正直に伝えた方がよいでしょう。こういったことは早めに、そして誠実に伝えることが肝心です。

37

カリスマプランナーのうまくいくコツ＆テクニック、Point、豆知識、Q＆A、NGマナーなど、役立つ情報が満載のトピックスです。

準備するに当たっての、両親、新郎新婦へ向けたアドバイスです。

本書では、8カ月での結婚準備を想定したスケジュールになっています。各準備を大体、いつごろに行えばよいのかの目安として活用してください。

Contents

Contents

Contents

Contents

Contents

1章

婚約・結納の流れ

結婚が決まったら、まずは両親への報告。そして、婚約、結納へと話が進みます。何かと緊張する結婚への第一歩ですが、二人が夫婦となる、とても大事な第一歩です。本章では、その準備を整えましょう。

婚約・結納の準備スケジュール

結婚は本人たちだけの問題ではなく、双方の家族にとっても重要なことです。きちんと計画を立てて、順序に沿って進めましょう。

お互いの両親へ結婚のあいさつをする

結婚の意思を固めたら、なるべく早くお互いの両親へあいさつをします。一般的には女性の実家から訪問し、結婚の了承を得る必要があります。当日は清潔感のある服装でマナーを守り、好印象な振る舞いを心掛けましょう。

婚約・結納スタイルの決定

婚約の形はさまざまです。結納をするのか、両家の顔合わせを兼ねた食事会をするのか、あるいは婚約披露パーティーを行うのかなど、二人で勝手に決めてしまわずに、両家の親に相談することが大切です。

婚約・結納の準備

婚約式などをする場合は、結婚式の6～3カ月前までに行うのが一般的です。それを目安に準備を進めます。仲人を立てるなら早めに依頼する必要があります。また、結納金や結納返し、結納品の内容や贈り方は地方によって異なります。また、結納金や結納返し、婚約儀式を行う場合は目録や受書、家族書、親族書などそれぞれに決まりがあるので、両親に相談しながら段取りよく準備することが重要です。

婚約式・結納

結納の形は、略式結納や食事会などさまざまですが、いずれの場合も服装など、両家で「格」を合わせることが重要です。また、こういった儀式を行うことで婚約がより確実なものとなり、結婚への自覚も高まります。

婚約発表 婚約通知

婚約の発表や通知は、遅くとも挙式の3カ月前までには行いましょう。披露宴の招待状を出す前に、友人や親族などごく親しい間柄の人に知らせます。

お互いの両親への報告

お互いの両親への報告は、大切な結婚へのファーストステップです。周囲に認めてもらうことは幸せな結婚の大前提。マナーを守って進めましょう。

結婚を決めたら まずは両親に報告を

お互いの結婚の意思を確認し合ったら、なるべく早く両親に報告しましょう。親元を離れて暮らしている人も、メールではなく電話など直接話して報告することが大切です。「結婚したい人がいるんだけど……」などと切り出して、親に結婚の意思が固まったことを伝えます。交際中にすでに紹介していたとしても、結婚の報告はしましょう。きちんとした順序を踏んで、両親を安心させることが大切です。

両親に会わせる前に 相手のプロフィールを伝える

次に重要なのは、両親に事前に相手のことを知っておいてもらうことです。日取りは両親の都合を優先して調整しますが、当日までに紹介する相手のプロフィールをある程度伝えておきましょう。名前、職業、出身地などの基本的な事柄、食事をするようなら食べ物の好み、あまり触れてほしくない話題なども伝えておくと、両親が知らずに聞いてしまって、お互いにぎくしゃくしてしまう、などということを避けられます。

両親

話を聞くときの心得

我が子のパートナーとなる相手が、どのような人物か不安になるのは分かりますが、相手の人柄に触れる前に「仕事は？」「年収は？」といった質問をするのは避けましょう。「どんなところを好きになったの？」など、自分の子どもと一緒に、相手の長所や美点を共有しましょう。

新郎新婦

どちらを先に訪問する？

最初に男性が女性宅を訪問するのが一般的ですが、両家の距離や、両親の都合、本人たちの都合などを考慮して、双方に都合のよい順序で行っても構いません。ただし、両親がしきたりを重んじる場合は、女性宅を先に訪問した方がよいでしょう。

8～6ヵ月前

豆知識

すでに、お互いの両親と面識や交流があったり、結婚の話が出ていた場合でも、ここは、あらためて一席設けましょう。

親へ報告する前に確認しておきたい２人の価値観

♥ライフワークバランス
仕事と家庭の両立について。特に女性が結婚後も仕事を続ける意思のある場合は、きちんと話しておきましょう。

♥子どもについて
いつまでに何人欲しいなど、具体的な数字までは分からないにしても、お互いの考えを知っておきましょう。

♥両親について
結婚後、両親との同居の可能性がある場合など、あいまいにせずきちんと話し合っておきましょう。

報告のStep＊

Step 1 メールなどで済まさず、まずはきちんと報告

親元を離れている人も、パートナーと結婚の意思を確認し合ったら、電話などで直接話して報告を。

Step 2 親に相手のことを伝えておく

相手の名前、職業、出身地、など基本的なプロフィールのほか、苦手なこと、触れてほしくないこと、得意なことなども伝えましょう。

相手の立場別 親への伝え方

●再婚の場合
相手が再婚の場合、その理由など親にどう伝えるかを２人で話し合っておきましょう。

●妊娠している場合
成り行きではなく、結婚の意思があっての妊娠であることを伝える言葉を考えておきましょう。

●年齢差が大きい場合
価値観の違いや、健康面の問題がないかなど、親が心配しそうなことを２人で話しておきましょう。

訪問前の準備

結婚相手の両親に会うのは、誰もが緊張するものです。
万全の準備で臨むためにも、二人でよく情報を共有しておきましょう。

その後のお付き合いのためにも第一印象を大切に

あいさつに伺うときは、きちんとした身だしなみを心掛けましょう。これからは家族としてお付き合いする相手と会うわけですから、第一印象が大切です。

男性はスーツ、女性は品の良いワンピースやスーツで伺うのがよいでしょう。髪型も明るすぎるカラーリングなどは避け、女性は派手なアクセサリーも控えます。男性は奇麗にひげをそりましょう。足元も意外に目につくので、靴を磨いておくことも忘れずに。

両親の好みや性格を事前にしっかりリサーチ

相手のプロフィールを伝えておくことも大切ですが、それ以上に重要なのが、お互いの両親のリサーチです。人柄や趣味、健康状態など、お互いに情報を共有し合っておけば、当日の服装や手土産を考えるのにも役立ち、両親との会話もスムーズにいきます。

また、手土産は事前に準備しておきます。相手の家の近くで調達することは避けましょう。間に合わせで買ってきたという印象を与えてしまいます。

両親

そのときがきたら大きな心で

子どもから紹介したい人がいると言われたら、まずは報告してくれたことへの喜びを伝え、話しやすい雰囲気作りを心掛けましょう。もし、不安なことがあったとしても、会ってみると意外にあっさり解消されることも多いものです。

新郎新婦

基本マナーを押さえておく

人間は第一印象が肝心です。その後の関係を良好なものにするためにも、基本的なマナーのおさらいをしておくとよいでしょう。人柄は、関係が深まっていけば分かってもらえることも多いのですが、マナーがきちんとしていないと、いらない誤解を与えてしまうことになります。

8～6ヵ月前

訪問前のStep＊

Step 1 親の都合に合わせて訪問日時を決める

忙しい時期や不幸があったときは避け、相手の親の都合に合わせて訪問日時を決めます。

Step 2 相手の親について事前にリサーチしておく

職業や趣味、好みなどをリサーチして、当日の会話に役立てるようにしましょう。避けた方がよい話題も聞いておきます。

結婚申し込みのフレーズ集

・私たち、結婚したいと思っています。お許しいただけますか？

・○○さんと結婚したいと思っています。どうか認めてください。

・あらためて結婚のお許しを頂きにまいりました。（公認の場合）

こういったフレーズを口にするのは照れくさいものですが、親の目を見て、誠実な態度で伝えましょう。

相手の親についてリサーチしておきたいこと

基本プロフィール

・名前
・年齢
・職業など

自分の親と同世代なのか、職業の共通点はないかなど。

親の趣味・嗜好

・好きな食べ物・嫌いな食べ物
・趣味・性格など

会話の幅が広がります。

その他

・持病の有無
・避けた方がよい話題

お互い気まずくなることのないよう気をつけたい話題は必ず確認を。

豆知識

喜ばれる手土産を用意しておきましょう。3000～5000円程度で、相手の両親の好みのものや、自分の出身地の名産品などがお勧めです。生ものよりも日持ちするものの方が無難です。

釣書を書く場合

釣書（「つりがき」、または「つりしょ」）は、自己紹介の書面です。お見合いに限らず、婚約が決まったときにもお互いで取り交わすことがあります。

釣書はなるべく自筆で、用紙は上質なものを

相手の両親だけでなく、その家族の方の目にも触れるものですから、字に自信がなくても手書きのものが好ましいでしょう。

しかし、どうしても自筆は避けたいという場合は、パソコンを利用しても構いません。字のうまい身内に代書をお願いするか、筆耕《ひっこう》サービスを使う選択肢もあります。

釣書には、白無地、または縦罫入りの便せんや上質紙を使用しましょう。市販の履歴書は使用しない方がよいでしょう。

釣書の書き方と表書き

ボールペンは避け、万年筆や筆ペンを使用しましょう。

釣書が書きあがったら、開いたところが読み始めになるように三つ折りにし、白無地の封筒に入れて、表書きをします。

表書きは、内容に合わせて「釣書」「身上書」「家族書」などとします。

また、「家族書」の詳しい内容や書き方については、48ページも参照してください。

新郎新婦

大切な「趣味の項目」

「趣味の項目」は本人の人となりが表れる重要な項目です。この内容である程度の雰囲気を判断する方も多いので、「読書・音楽鑑賞」など一般的なもので終わらせず、アピール効果を意識して書きましょう。なお、経験が浅いスポーツやこれから始める予定のものでも積極的に書きましょう。

両親

書くのは３親等まで

家族書には一般的に本人から２親等までの親族について、詳細な親族書の場合は３親等までの親族について書きます。この欄には、両親や家族の氏名、生年月日、住所、勤務先、職位などを順番に書いていくとよいでしょう。

豆知識

釣書の語源は「お互いを平等に対等に土俵に上げて、釣り合いを取るための書面」という意味からきています。

Q&A

Q 親が亡くなっている場合

A 母親が亡くなっている場合は「母：氏名○年○月○日逝去」というように記入します。

Q 釣書は誰が書くの？

A 自分のプロフィールを書くわけですから本人が書きます。見栄や嘘のないよう誠実に。

釣書の項目

1. 氏名・生年月日
正確に書きましょう。読み方が難しい場合は振り仮名を付けます。

2. 本籍地・現住所
正確に書きましょう。読みにくい地名は仮名を付けておきましょう。なお、本籍地の記載は省略するケースもあります。

3. 学歴
中学校卒業以降を書きます。名門幼稚園・小学校を出た人はそこからでも。予備校などは書かず、卒業していない場合は、その理由が推測できるように書きます（よい就職先があり中退した、進路変更で入学し直したなど）。

4. 職歴
転職している場合、その理由が推測できるように書きます（キャリアアップのため、会社の倒産による転職など）。日本では転職に対する好意的評価はあまり得られていないので、転職回数が多い人は現在の職のみを書いても構いません。また、会社名だけでなく、部署名も書いておいた方が分かりやすくてよいでしょう。

5. その他（趣味・特技・身長体重など）
あまり細かいことまで書く必要はありませんが、身長体重などは顔合わせをしたときに、話と違うといったことのない程度に、あらかじめ書き伝えておきます。

釣書と家族書・親族書の違い

本来の釣書は、お見合いの前に交換して、お見合いをするかどうか決めるためのものですが、結婚の意志が決まり、親へ紹介する際に取り交わすこともあります。一方、家族書・親族書は結納の時に交わす正式なものです。釣書は万年筆や筆で手書きするか、パソコンを使っても構いませんが、家族書などは奉書紙を使って毛筆で書きます。釣書には本人の氏名・生年月日・本籍地・現住所・学歴・職歴・趣味・特技・資格、家族の氏名・生年月日・職業・学歴・両親の出身地などを書きます。釣書の提出を求められたら、結婚の許しを両家の両親にもらった時点で、なるべく早く渡しておきましょう。

訪問する際のマナー

相手の両親宅を訪問する際は、結婚相手としてふさわしい態度で臨むようにしましょう。服装や言葉遣い、手土産やあいさつのタイミングなど、ポイントを押さえておきましょう。

8～6ヵ月前

まずは自己紹介から、誠実な態度で申し込みを

相手の両親と初対面の場合は、自己紹介から始めます。自分の名前、年齢、職業、出身地、趣味など、会話のきっかけとなるような事柄を入れて話します。

相手からの質問には、その都度答えながら、二人のなれそめなども話し、座がほぐれたら本題に入ります。結婚の申し込みの言葉を伝えるときは、さらに身を正し、相手の目を見て伝えましょう。こうした誠実な態度が、両親の不安を解消するポイントになります。

第一印象を大切に、敬語をきちんと使いましょう

相手の両親とはこれから末永く親子として付き合いをしていくことになります。不快な印象を与えることのないように、訪問時には基本的なマナーを守ることが大切です。結婚するという、責任感を備えた振る舞いを心掛けましょう。

また、言葉遣いも重要です。きちんとした敬語が使えることは、好印象につながります。家族になる人に親しみを感じてもらうことも重要ですが、目上の人をきちんと敬う態度はそれ以上に大切です。

新郎
新婦

ハキハキと明るく誠実な態度で

両親からの質問には、うまく答えようとせず、正直にハキハキと答えましょう。緊張を悟られまいと、妙に場馴れした態度を無理に取る方が不自然です。緊張を隠さず、素直で誠実な対応をした方が、両親への印象は良くなります。

両親

温かいムード作りを

不安もあると思いますが、事前情報や、第一印象だけで判断するのは避けましょう。両親を前にして、普段ならすんなりと出る笑顔が緊張で硬い表情になってしまうこともあります。お互いの理解を深め合えるよう、年長者である両親が温かいムード作りを心掛けましょう。

あいさつの流れ

1 時間厳守 玄関前で最終チェック

先方の都合もあるので時間厳守で伺いましょう。玄関前でコートを脱ぎ、身だしなみの最終確認を。携帯電話の電源も切っておきます。

2 玄関で簡単なあいさつを

「はじめまして○○です。本日はどうぞよろしくお願いいたします」と笑顔であいさつをします。

3 改めてあいさつをして 手土産を渡す

部屋に通されたら、改めて両親にあいさつを。その後、手土産を相手に正面を向けて手渡し、勧められた席に座ります。

4 お茶やお菓子が出されたら

先方が手を付けるまでは、いただきません。ただし、勧められたらいただきましょう。

やってはいけないNGマナー

・お互いを愛称などで呼び合う
2人なりの呼び方があるとは思いますが、両親の前では「○○さん」と名前で呼びましょう。

・両親の前でべたべたする
仲が良いのはいいことですが、両親の前で相手にべたべたと触るなどは避けましょう。

・「○○さんをください」
定番のフレーズのようですが、物のやり取りのようだと、不快に感じるのがこのフレーズです。

5 自己紹介から本題へ

自己紹介から始めて、和んだところで本題に入りましょう。

6 退出

訪問時間は1～2時間が目安。「そろそろ失礼します」と切り出し、玄関で改めて本日のお礼を伝えましょう。

カリスマプランナーの うまくいくコツ&テクニック

親に結婚を反対されたら

両親に反対された場合は、感情的にならず、冷静に対処することが大切です。「本日はこれで失礼いたしますが、改めてお時間をいただきたいと思っております」など、その場で自分の結婚の意思は変わらないことを誠実に伝えて帰りましょう。また、両親の反対する理由を聞いて、真《しん》摯《し》にその原因を取り除く努力をしましょう。それでも状況が変わらないようなら双方の兄弟や姉妹、親戚などに口添えしてもらうのも一つの方法です。

訪問される側のマナー

相手は初めての訪問に緊張しているものです。リラックスできるように、両親の方から優しく話しかけるなど、さりげなく心配りをしてあげることが大切です。

相手が自然体で話せる雰囲気作りを

子どもの結婚相手と初めて会う場合は、まず自宅に招きましょう。普段通りの姿で、食事時に招いた場合は豪華な料理よりも手料理を用意します。

あまり長い時間では相手の負担になる可能性もあるので、お茶の時間に招いてもよいでしょう。

若い二人は、両親との初対面と結婚の申し入れという状況に緊張しています。年長者である親が、二人が自然体でいられるような雰囲気を作ってあげましょう。

判断するポイントは服装よりも誠実な態度

子どもの幸せを考えるあまり、つい品定めをするような態度になりがちですが、相手の誠実さなど、長い付き合いができるかどうかが重要なポイントです。社会人として、きちんとした服装や言葉遣いができているかなども見ておきたい点ではあります。

しかし、結婚について真摯な気持ちで向き合っている態度があれば、多少のことは大目に見る気持ちも必要です。相手の価値観を受け入れる寛容さが重要です。

両親

話を聞くコツ

緊張もあるでしょうが、詰問調にならないように注意しましょう。一方で、遠慮せず率直に聞いた方が相手の緊張をほぐすこともあります。親は威圧的にならず、相手のありのままを受け止める気持ちがあることを、態度で示してあげましょう。

新郎新婦

大切なのは姿勢

親との初対面は、最初は緊張しているので自然と背筋が伸びていますが、緊張が和らいでくると、つい普段の姿勢になってしまうことがあります。背筋を伸ばして笑顔を保つことは重要なポイントです。特に和室の場合、正座の状態に慣れていない人は気を付けましょう。

8～6ヵ月前

確認のStep＊

Step 1 基本マナー、服装、言葉遣い、しぐさなどに気を付ける

表面的な部分のようですが、人柄などの内面も表れるものです。

Step 2 価値観の相違は大きいか

仕事、家庭、出産、育児などに対する価値観は、今後の付き合いを考えても確認しておきたいポイントです。

Step 3 子どもとの相性

結婚を決めたばかりの２人には、意外と見えていないのが相性。相手が自分の子どもの性質と合うかどうか見極めるつもりで。

おもてなしの流れ

1 玄関先で

子どもから相手を紹介されたら、歓迎のあいさつを。ただし玄関先でのあいさつは手短に済ませ、部屋に通しましょう。

2 部屋に通す

部屋に通したとき、座る席を指定した方が相手が迷うこともなくスムーズです。手土産を頂いたら、礼を述べてから一旦下げましょう。

3 お茶や食事

お茶でおもてなしするか、時間によっては食事を用意します。準備や片づけの申し入れがあった場合は遠慮なく受け入れましょう。

4 コミュニケーション

お茶や食事を取りながら、楽しい時間を共有します。相手が本題に入りやすいように緊張をほぐすような会話を心掛けましょう。

5 別れのあいさつ

初対面の訪問は１～２時間程度が目安です。相手がいとまを申し出たら、あまりしつこく引きとめることのないようにします。

6 見送り

玄関先まで相手を見送ります。訪問してくれたことへのお礼と、会えたことの喜びを伝えましょう。

Q&A

Q 結婚に納得できないときは？

A ただやみくもに反対するのではなく、何が納得できないのかをきちんと整理してみましょう。偏見はないか、子どもの幸せを第一に考えているか、自分のプライドを優先していないかなど。そして、２人は結婚に伴うリスクを分かっているか、それを乗り越える強さがあるか、２人の愛情は本物かなど、自分を省みると同時に、子どもの態度を冷静に見る必要があります。それでも納得できない場合は、自分の意見を押し付けることなく子どもに伝えましょう。お互いに納得するまで話し合い、最終的には本人の判断を尊重します。

訪問後のマナー

あいさつが無事に終わっても、訪問後のマナーのポイントを押さえて失礼のないようにしておきましょう。大切なのは、相手の家族と仲良くなりたいという素直な姿勢です。

8〜6ヵ月前

訪問後1週間以内にお礼状を出す

相手の両親宅から帰宅したら、その日のうちに先方に電話をし、「ただいま帰りました」の言葉と、会ってくれたことへのお礼の気持ちを伝えましょう。帰宅時間が遅くなってしまったときは、翌日の午前中までに電話をします。

その後、遅くとも1週間以内にはお礼状を出しましょう。はがきよりも封書の方がより丁寧な印象を与えます。内容は無理に硬くせず、お礼と感謝の気持ちを、自分の言葉で素直に書きます。

節度を保ちながらお付き合いを深めて

あいさつを済ませた後は、相手の家族と積極的に交流し、とけ込む努力をしましょう。ただし、結婚するまでは、なれなれしい態度で接することは禁物です。相手の家を訪ねた時は、勝手に動き回らず、相手の母親の指示を仰ぎましょう。

なお、婚約中に相手の家に慶事や弔事があった場合は、厳密にはまだ身内ではないので、相手の親の指示に従い、出席した場合は、控えめに振る舞いましょう。

両親

距離を縮めるには

少しでも早く相手との関係を深めるには、互いにコミュニケーションを取り合う努力が必要です。誕生日なども聞いておいて、プレゼントを贈るなど日ごろから仲良くできる機会を作るようにしましょう。贈りものをいただいたときも、電話で感謝を伝え相手の気持ちに応えましょう。

新郎新婦

両親の心をつかむには

婚約期間中は、結婚準備や披露宴についてなど、2人で決めてしまわず、相手の親に相談するなど、こまめに報告するようにしましょう。

自分たちの結婚だから、口を出されたくないという態度では、その後の関係もうまくいきません。

豆知識

婚約中は、何かと相手の両親と会う機会も多くなります。女性の場合、お茶や食事を共にするときは、「お手伝いします」と立ち上がるようにしましょう。相手の母親の動きや作業を確認し、「何をしましょうか」と指示をいただいて動きます。テキパキとお手伝いすれば、ぐっと印象もよくなります。

先方の実家に泊まるときのマナー

♥先方の親から泊まっていくよう勧められても、一度はお断りするのがマナー。当然のような態度はNGです。

♥洗面所やお風呂の使い方は奇麗に。使った後は髪の毛や水しぶきなどが残っていないか確認をしましょう。

♥使用した布団やパジャマはきちんと畳んでおきましょう。身支度も早めに済ませておきます。

お礼状の文例

先日はお忙しい中、お時間をいただいてありがとうございました。

お二人に温かく迎えていただいたこと、本当に感謝しております。当日は、おいしい手料理までごちそうになり、たいへん楽しいひと時を過ごさせていただきました。

また、私たちの結婚を認めてくださったこと、改めてお礼申し上げます。本当にありがとうございます。

これからは結婚式や新生活の準備などで、いろいろとご相談させていただくことも多くなるかと思います。よろしくご指導のほどお願い申し上げます。

取り急ぎお礼まで。

やってはいけないNGマナー

婚約後、相手の家に泊まる際、相手の部屋で一緒に寝るのが当然といった態度は心証を悪くしてしまうのでNGです。母親の指示に従うようにしましょう。翌朝の寝坊も、特に女性は厳禁です。前日に何時ごろ起きるのか聞いておき、積極的にお手伝いをするようにしましょう。なお、遠方から訪問する場合は、あらかじめ宿を取っておくと気疲れせずに済みます。適度な距離を保つのも、これから長くお付き合いするうえで互いの負担にならない方法です。ただし、その場合は事前に伝えておくことを忘れずに。

婚約後の相手の両親との付き合い方

8〜6ヵ月前

結婚の了解を得て結婚準備が始まると、双方の両親と話す機会も増えます。これからは家族の一員となる努力がお互いに必要です。

相手の両親の呼び方には気を遣いましょう

結婚の了承を得たからといっていきなり「お父さん、お母さん」と呼び掛けるのでは、両親も戸惑います。まずは「○○さんのお父さん」など、名前を頭に付けて呼ぶとなれなれしく聞こえず、不快な印象を与えません。

また、「お父さん（お母さん）と呼んでもいいですか？」と、素直に申し出るのもいいでしょう。その方が先方も好感を持ってくれるはずです。急がず、段階を経て距離を縮めていきましょう。

適度な距離を保ちすべてに配慮を心掛ける

時間の経過とともに自然と両親とも馴染み、会話も弾むようになることでしょう。しかし、あまりフランクになり過ぎるのは禁物です。親しき仲にも礼儀を忘れず、両親を敬う態度は崩さないように気を付けましょう。友人と話すのではありませんので、常に適度な緊張感は必要です。

なお、政治や宗教に関する話題は避けた方が無難です。将来設計なども両親は気になるところ。よく話し合っておきましょう。

新郎新婦

相手の家では手伝いを

婚約期間中に相手の家を訪問する際は、率先して手伝うようにしましょう。ただし、勝手に動くのではなく、両親の指示に従うようにします。末永いお付き合いになるのですから、気を引き締めつつ、無理のない上手な付き合い方を心掛けましょう。

両親

婚約後の付き合い方

親としては、結婚準備に追われる子どもを見れば、いろいろ世話を焼きたくなるもの。子どもと一緒に住んでいたり、住まいが近いとなおさらです。しかし、自分の子どもはよくても、結婚相手には気を遣わせているかもしれません。適度な距離感を保つようにしましょう。

婚約後のStep＊

Step 1 結婚するまでは まだ他人と心得て

お付き合いを深めたくても、一気に縮めようとするのは禁物。なれなれしい態度は相手を遠ざけることに。

Step 2 結婚準備などは こまめに報告、相談を

親はどういった計画なのか気になるものです。こまめに報告して相談することで安心させてあげましょう。

Step 3 呼び方のＯＫをもらって 親しみを持ってもらう

最初は節度を持った呼び方が前提ですが、「お父さん（お母さん）」と呼ぶ了承を得たら事あるごとに呼び掛けましょう。

お祝い・プレゼントのタイミング

1 誕生日

誕生日のお祝いはいくつになってもうれしいものです。カードを贈るだけでもいいので、何か心遣いを見せることが大切です。

2 結婚記念日

両親の年代になると結婚25周年や30周年など、節目の年を迎える人も少なくありません。記念の品物や食事会を開催してお祝いしましょう。

3 父の日・母の日

母の日は5月の第2日曜日、父の日は6月の第3日曜日です。相手に気を遣わせるような高価な物は避け、ポロシャツやエプロンなど、実用的で喜ばれそうな物をプレゼントしましょう。

4 バレンタインデー・ホワイトデー

バレンタインデーには娘から双方の父親へ、ホワイトデーには息子から双方の母親へチョコレートやクッキーなどちょっとした物を。

5 昇進・栄転祝い

兄弟姉妹がいるようなら、みんなで計画をしてお祝いの席を設けましょう。家族ぐるみのお付き合いができます。

カリスマプランナーのうまくいくコツ＆テクニック

お中元やお歳暮のお付き合い

基本的には贈る必要はありませんが、相手の家がそういった事柄を大切にし、きちんとやり取りする習慣があるようなら、それに従った方が無難です。周りの状況をよく見て判断しましょう。

ただし、お中元やお歳暮は毎シーズン贈るものなので、負担になるようであれば、正直に伝えた方がよいでしょう。こういったことは早めに、そして誠実に伝えることが肝心です。

両家の初顔合わせのセッティング

あいさつを済ませ、結婚の了承が得られたら、ここから挙式までは両家の協力が必要不可欠です。お互いに歩み寄り、コミュニケーションを深める努力をしましょう

8〜6ヵ月前

初めての両家の顔合わせ、セッティングは二人で

あいさつが済んだら、なるべく早めに両家の顔合わせの日程を調整しましょう。

以前は、男性側が女性宅を訪問することが多かったのですが、最近ではどちらの家にも負担が少ないレストランやホテル、料亭での顔合わせが増えているようです。

顔合わせは両家のコミュニケーションを取ることが目的ですから、あまり形式にこだわらず、両家の意向を確認して調整すればよいでしょう。

費用は当人たちで負担するか折半が基本

初顔合わせにかかる費用は、両家で折半にするか、最近では当人たちが親を招待するパターンも増えてきているようです。また、遠方や、女性宅で行う場合は、来てもらう側が招待することもあります。招待された場合は遠慮せずに受け入れましょう。

手土産はお互いに負担になるので省略しても構いません。用意する場合は、地方から親が足を運ぶときなどに、郷土の名産品などを用意する程度がよいでしょう。

両親

子どもに任せて

会う場所や日程の調整などは、子どもたちに任せましょう。どうしても譲れないことは伝えて、できるだけ子どもたちの提案を受け入れるようにします。その方が、外で会うことになっても、親同士が気負わずに会話が楽しめるなど、メリットもあります。

新郎新婦

2人で協力して

お互いに仕事を持っている場合など、日程の調整や会の場所決めは面倒で大変なものです。しかし、両家の初顔合わせはこれから末永くお付き合いをしていくうえで、大変重要なポイントです。どちらか一方にだけ任せることのないように、2人で協力し合って行いましょう。

Q&A

Q さまざまな事情で調整がつかない場合は？

A お互いの家が遠方にあるなど、さまざまな事情で、なかなか両家の初顔合わせがかなわない場合もあります。そんなときは、2人が間に入って、電話や手紙、メールなどを使って連絡をまめに取りましょう。両家のコミュニケーションを深めるためにも、こういったことは面倒がらずに行います。また、両親もできるだけ交流を深められるよう努力しましょう。まずは、男性側の親からコンタクトを取るようにします。会いに行けない旨を詫びて、結婚を喜んでいることを伝えます。相手の顔が見えない分、より丁寧に誠実な会話をすることを心掛けます。

顔合わせ前のStep＊

Step 1 しっかり両家のリサーチを

事前に双方の家族の好みを聞いて、無難なメニューをチョイスしておきましょう。

Step 2 費用の分担はきちんと話し合いを

2人で費用を出すことになったときは、事前に分担の話し合いを。遠方の場合は交通費や宿泊費も考慮して。

顔合わせ当日の流れ

1 男性本人

「私から両親を紹介します。父の○○、母の○○です」など男性側から両親を紹介。

2 男性の両親

「○○の父の○○です。本日はよろしくお願いいたします」など男性の両親による自己紹介をします。

3 女性本人

「それでは次に私の両親を紹介します。父の○○と母の○○です」など女性側から両親の紹介をします。

4 女性の両親

「○○の父の○○でございます。どうぞ末永くお付き合いください」など女性の両親による自己紹介をします。

5 男性の父親

2人に結婚の意思を確認し、結婚を喜んでいる気持ちを伝え、「よろしくお願いします」などとあいさつします。

6 女性の父親

「こちらこそお願いいたします」と、受ける形であいさつします。

7 結婚の具体的な話し合いへ

2人を中心に、結納を行うか婚約食事会を行うか、挙式場所や時期など、両親の意見も含めて必要なことを話し合いましょう。

婚約・結納のいろいろなパターン

仲人を立てない人も多く、両家だけで行う略式結納が一般的。結婚への自覚と責任感が芽生える結納は、ぜひ行いたい日本の伝統儀式です。

6～3ヵ月前

婚約のスタイルは両家で相談を

婚約には、伝統的な結納から婚約指輪を贈るだけの簡単なものまで、いろいろなスタイルがあります。地域によっても異なるので、両家の考えに相違がある場合は、二人の意見ばかりを通そうとせず、両家で話し合って決めましょう。婚約とは、周囲に結婚の約束をお知らせし、祝福してもらうもの。そして、二人の結婚への自覚を深めることも目的です。当人同士はもちろん、双方の親も納得のいく形で行うことが重要です。

周囲に公表して婚約をより確実に

婚約とは、特に書類を交わしたり法的な手続きをしなくても、「結婚をする」と口約束しただけで成立します。しかし、婚約の儀式を行ったり、二人が婚約したことを周囲に知らせることで、本人たちの結婚に対する自覚や責任感も増すので、何らかの形で婚約を公にするとよいでしょう。

また、婚約を公にすることでより法的な責任も生じるため、万一解消することになっても無用なトラブルが避けられます。

新郎新婦

誰が取り仕切る？

婚約食事会の場合は、両家の父親が取り仕切るか、カジュアルに進めたい場合は、男性が進行役を務めてもよいでしょう。結納の場合は仲人か男性の父親が取り仕切ります。また、ホテルなどの結納プランなどを利用した場合は、会場スタッフが進行してくれることもあります。

親子で話し合うポイント

婚約のスタイルを決める際、本人たちと親との間で話し合っておきたい７つのポイントです。

①仲人は立てるか？
②どんなスタイルに？
③どんな場所で？
④日取りはいつ？
⑤出席者は？
⑥どれくらいの予算で？
⑦お金はどう負担するか？

婚約・結納スタイルを決めるStep＊

Step 1 結納をするかどうかを決める

結納は日本の伝統的な婚約の儀式です。親の意見もきちんと聞いて、結納を行うかどうか決めましょう。

Step 2 双方の親ときちんと話し合いを

婚約の形はさまざまで、地域によっても違います。必ず双方の親を交えて家の慣例や地域の慣習を踏まえて決めましょう。

Step 3 どのスタイルでするかを決める

結納や婚約食事会、婚約披露パーティー、婚約式、婚約記念品の交換など、婚約の形はいろいろです。自分たちのスタイルを選びましょう。

さまざまな婚約のスタイル

1 結納
男女が結納品を取り交わして婚約の印とする、日本の伝統的な儀式です。両家が一堂に会す略式結納が多いようです。

2 婚約食事会
レストランや料亭などで食事会を開き、両家の顔合わせを行います。首都圏では結納に代わるものとして、最も多いスタイルです。

3 婚約式
本来、キリスト教の信者が神の前で婚約を誓う儀式です。家族の立会いのもと、教会などで行います。神社で婚約式を行う場合もあります。

4 婚約披露パーティー
親族や友人を招いてパーティーを開き、婚約を発表する欧米スタイル。主催者は本人たち、もしくは友人になります。

5 婚約通知状
披露宴の招待状とは別に、婚約したことをはがきなどで通知します。婚約から挙式までの期間が1年以上あるなど、間がある場合におすすめです。

6 婚約記念品の交換
婚約の記念に、お互いに贈りものを交換します。婚約指輪だけを贈るカップルも多いようです。

カリスマプランナーのうまくいくコツ＆テクニック

仲人を立てるメリット

ひと昔前には、結婚になくてはならない存在だった「仲人」ですが、最近では仲人をあまり立てなくなりました。しかし、仲人を立てると、結納や挙式、披露宴が格調高いものになり、また、結婚の準備段階で両家の意見に相違があったときなどに、間に入って調整役となってもらえます。そのほか、身内以外の人から客観的な意見を聞きたいときに相談できたりとメリットがたくさんあります。
仲人を立てるかどうかは、よく話し合って決めましょう。

婚約スタイル①

婚約食事会

結納の代わりに食事会を行うのが主流となっています。決まった形式はないので、二人で計画して両家の親交を深める食事会にしましょう。

両親と本人たちだけでなく賑やかなものにしても

最近では、結納代わりに婚約食事会を行うことが主流です。特に首都圏では婚約＝食事会といったスタイルが多くなっています。また、両親同士の初顔合わせを兼ねる場合もあります。

婚約食事会には、決まった形式はありません。二人でよく相談してセッティングしましょう。両家の家族の顔合わせと、親交を深めることが目的なので、祖父母や兄弟、姉妹などに同席してもらうのもよいでしょう。

日程、場所の決定は両家で調整を

婚約食事会は、出席者と日程を調整したうえで、週末か祝日に行うのが一般的です。双方にとって交通の便がよく、あまりカジュアル過ぎない場所、個室のあるレストランや料亭、ホテルがお勧めです。食事の費用は一人当たり1万円が目安。交通費なども考慮しましょう。

形式がないといっても、カジュアルな服装は避け、スーツやワンピースなどにします。両家の服装が合うよう事前に打ち合わせを。

新郎新婦

婚約記念品の準備

食事会の場で、指輪などの婚約記念品を交換するスタイルもあります。その場合、女性にはエンゲージリングを、男性には、そのお返しとして時計を取り交わす人が多いようです。

品選びは、余裕を持って検討し手配をしておくようにしましょう。

両親

親同士の会話4つのポイント

初対面で婚約食事会を行う場合の気をつけたい会話のポイントを押さえておきましょう。

①一方的な価値観を押し付けない
②自分側の自慢話ばかりしない
③家族にしか分からない話をしない
④興味本位で相手を探るような質問ばかりをしない

6～3ヵ月前

豆知識

席次の決め方は、食事会の場合、結納のように決まりはないので、上座、下座にこだわる必要はありませんが、事前に決めておいた方がスムーズです。

バランスを考えて、会話が弾むような席次にしましょう。

会場選び6つのポイント

①個室がある
②カジュアル過ぎない
③料理がおいしい
④スタッフのサービスがよい
⑤交通の便がよい
⑥予算内で費用が収まる

やってはいけないNGマナー

親同士が結論を急いではNG
あいさつと家族の紹介が済んだら、歓談に入ります。その際、せっかくの機会なので2人の結婚のスケジュールや大まかな要望などを話しておくとよいでしょう。相手側の意向を確認し、こちらの意向も伝えます。最低限譲れない条件やマイナス要因などがあれば、相手の気持ちも考えながら伝えます。その際にその場で結論を急いではいけません。結婚に向けて双方が納得できるよう話し合い、そのことに労力を惜しまない姿勢が、幸せな結婚につながります。

カリスマプランナーのうまくいくコツ&テクニック

食事会のポイント

①雰囲気や交通の便を考え ふさわしい場所を
交通の便がよく、個室があるなどカジュアル過ぎないレストランやホテル、料亭を選びましょう。

②両家の交流が 深まるような話題を
2人の幼少時や将来の話、家族の趣味など全員が参加できる話題を。スポーツや時候の話題も。

食事会の流れ

1 初めのあいさつと乾杯
男性か男性の父親が進行役を務め、あいさつの後、乾杯をします。

2 お互いの家族の紹介
男性の父親から順に紹介し、続いて女性側を紹介します。

3 婚約記念品の交換
記念品がある場合は、このタイミングで交換します。

4 会食・歓談

5 結びのあいさつ
2人がお礼を述べます。

婚約スタイル②

結納（日取り・会場）

結納は日本の伝統的な儀式ですから準備万端で行いたいものです。決めなくてはいけないことをきちんと整理して、順序よく行いましょう。

結納は挙式の6～3カ月前に行う

結納は挙式の6～3カ月前に行うのが一般的。仲人を立てる場合は予定を伺い、出席者全員の都合のよい日を調整します。日柄は、本人同士が気にしなくとも、両親や仲人が気にしている場合は、その意見に従った方が無難です。

また、日柄の善し悪しは「六輝《ろっき》」を参考に決めます。祝い事はなるべく吉日の午前中に始めるとよいとされているので、午前11時くらいから始めて、祝い膳を囲んだ昼食を両家で取りましょう。

「結納プラン」で、ホテルや結婚式場を利用

正式な結納の場合、男性と女性の自宅が会場になります。一方、一同が集まる略式結納の場合は、会場の予約をしなければいけないので、早めに日取りを決める必要があります。以前は女性の自宅で行うのが一般的でしたが、最近はホテルや結婚式場、レストランや料亭を利用する人が多いようです。

また、ホテルや結婚式場では、室料から祝い膳・進行までがセットになった「結納プラン」が用意されていることも多いようです。

両親

両家の意見が違う場合

日取りや会場選びで、両家の意見が食い違った場合は、自分の家のやり方を一方的に押し付けるのではなく、相手を尊重しつつ話し合うようにしましょう。どうしてもまとまらないときは、しきたりを重んじる家に合わせるとよいでしょう。

新郎新婦

仲人を立てる場合

結納の１～２カ月前までには依頼するようにします。まずは手紙や電話で打診して承諾を得たら、改めて出向いて正式にお願いします。
仲人をお願いする場合は、なるべく早めに依頼する方がよいでしょう。

6～3カ月前

カリスマプランナーのうまくいくコツ&テクニック

結納の費用分担

結納品以外の、会場費や飲食代、自宅での飲食代なども両家で折半することが多いようです。自宅以外で結納を行う場合には、事前に当日の支払いの話し合いをしておくとスムーズです。

日取り選びのポイント

1 挙式6～3カ月前の吉日の午前中が基本

吉日の六輝の大安、友引、先勝を選びます。出席者がこだわらないようなら、午後から始めても構いません。

2 出席者の都合に合わせて週末・祝日もOK

日柄にこだわらない場合は、週末や祝日など両家や仲人の都合を優先して、全員に配慮して決めましょう。

3 略式結納は会場の予約を早めに

ホテルやレストランなどで行う場合、会場は早めに決めて予約するようにします。予算や交通の便も考えて。

場所選びのポイント

1 専門スタッフがいたり、個室がある方が安心

ホテルや結婚式場など、専門のスタッフがいる場所だと食事会から進行まで任せられるので安心です。レストランなら個室があるお店がベストです。

2 両家が集合しやすく交通の便が良い場所で

両家が遠方の場合、その中間地点の都市で行ったり、お互いにとって交通の便の良い場所を選ぶといいでしょう。現在2人が住んでいる土地にするケースも。

費用の目安

♥女性宅か男性宅で行う場合

茶菓代　5000円
食事代　5000～1万円（1人）
花代　5000～1万円

♥ホテル・結婚式場で行う場合

室料　2万～3万円
食事代　1万～2万円（1人）
記念写真代　1万5000～2万円
スタッフへの心づけ　5000～1万円
上記を含んだ結納パック料　8万～20万円

♥レストラン・料亭で行う場合

室料　1万～3万円
食事代　5000～2万円（1人）
予算や好みに応じて場所を選べるメリットがあります。また、自宅での準備がないので手軽です。

結納品

結納品の内容や贈り方は、関東式と関西式に代表されますが、地域によって大きく違います。どちらの慣習に合わせるのか、よく話し合っておきましょう。

6～3ヵ月前

結納品の内容や贈り方は大きく分けて二つ

結納品とは、結納金に縁起物を添えた一式のことです。両家が婚姻関係を結ぶことを祝う宴席の酒《さけ》肴《さかな》がルーツの縁起物には、それぞれに意味があります。

結納品の内容や贈り方は地域によって違いますが、白木の台に一式まとめて載せる関東式と、1品ずつ台に載せる関西式に大きく分けられます。また、関東式は贈り合うので結納品を「交わす」、関西式は男性側だけが贈るので結納品を「納める」といいます。

結納品は9品目が基本。奇数なら簡略化もOK

関東式では、縁起物7品に、結納金と目録を合わせて9品目が正式とされています。関西式では、目録は品目として数えず、「結美《ゆび》和《わ》／優美和（指輪）」や「高砂人形」が加わります。品目の数を減らして簡略化する場合は7→5→3品目と陰陽《いんよう》五《ご》行《ぎょう》説《せつ》で縁起がよいとされる奇数にするのが習わしです。結納品の数はあらかじめ両家で話し合っておきましょう。数は両家で合わせるか女性側がやや控えめにするのが一般的です。

両親

相手の負担を気遣う

結納品は品物の数や内容、並べ方も地域によって変わってきます。習慣の違いをよく話し合って確認したら、お互いの経済事情や住宅事情も考慮し、負担をかけないよう配慮して決めましょう。

新郎新婦

事前に相談する

最近では、関東でも男性側だけが贈り、女性側は受書だけを用意する場合もあります。お互いに用意するのか男性側だけか、受書は用意するかなど相談しておきましょう。

結納品とその意味（関東式）

1. 目録（もくろく）
結納の品名と数を記したもの。

2. 長熨斗（ながのし）
長く伸ばした干しあわびのこと。長寿の象徴として用いられる。

3. 金包（きんぽう）
結納金。表書きは男性からは「御帯料」、女性からは「御袴料」とする。

4. 末広（すえひろ）
白無地の扇子一対。「末広がりの繁栄」の意味。

5. 友志良賀（ともしらが）
白い麻糸。「ともに白髪になるまで仲むつまじく」の意味。

6. 子生婦（こんぶ）
昆布。子宝に恵まれるようにとの願いと、「よろこぶ」に通じる。

7. 寿留女（するめ）
するめ。長期保存ができることから幾久しくの願い。

8. 勝男武士（かつおぶし）
かつお節。男性の力強さの象徴。

9. 家内喜多留（やなぎだる）
祝い酒。現金に代えるのが一般的。地方によっては実際に酒樽を贈るところも。

結納品とその意味（関西式）

1. 小袖料
金封を松飾りの下に。

2. 柳樽料（やなぎだるりょう）
お酒を贈る代わりの現金で竹飾りの下に。

3. 松魚料（まつうおりょう）
鯛などを贈る代わりの現金で梅飾りの下に。

4. 熨斗（のし）
長熨斗（関東式）と同義。

5. 寿恵広（すえひろ）
末広（関東式）と同義。

6. 高砂（たかさご）
尉《じょう》と姥《うば》の人形で「ともに白髪になるまで夫婦仲良く」の願いが込められている。

7. 結美和（ゆびわ）
婚約指輪。優美和とも。

8. 寿留女（するめ）
寿留女（関東式）と同義。

9. 子生婦（こんぶ）
子生婦（関東式）と同義。

結納金と結納返し

結納金と結納返しの金額は、自分たちの経済力を考えて決めましょう。あまり無理をせず、相応の金額を相談しましょう。

6～3カ月前

関東は半返し、関西は1割返し

結納金は、かつて着物地や帯を贈ったことから「御帯料《おんおびりょう》」「御《おん》帯地料《おびじりょう》」「小袖料《こそでりょう》」などとも呼ばれます。結納金の額は、男性の月収の○カ月分などといわれていましたが、上一桁が奇数になる100万円、70万円、50万円が多いようです。関東では女性側の結納返しは、「御袴料《おんはかまりょう》」として結納金の半額を半返しとして贈るのが一般的です。関西では結納返しは後日行います。結納金の1割程度を返すことが多いようです。

結納品と一緒に取り交わす家族書・親族書などの書類

結納当日までに「家族書」「親族書」を用意しておきましょう。これらは「よろしくお願いします」という意味を込めて、お互いの家族構成を書き記したものです。奉書紙に毛筆で書くのが正式ですが、結納品セットと一緒に売られている専門用紙を使えば必要事項を書き込むだけで済みます。また、結納品の品目と数を記した「目録」と、結納品を受け取ったという受領書の役割をする「受書」なども、結納当日に取り交わします。

新郎新婦

婚約指輪は含まれる？

婚約指輪を結納品に含むかどうかは、特に決まりがありません。婚約指輪をすでに贈っている場合でも２人さえ納得していれば、結納の際、もう一度贈りなおしても構いませんし、指輪は別と考えて、ほかの記念品を贈ってもよいでしょう。

両親

最近の結納事情

以前なら結納金の金額は、家の格式や裕福さを計るような意味合いが強かったのですが、最近は事情が異なります。親の考えを押し付けるのではなく、子どもたちの価値観を尊重しましょう。とはいえお金のことなので、両家でしっかり話し合いを。

主な結納費用の目安

男性

結納品 1万～5万円（関東式）
3万～20万円（関西式）

結納金 50万～100万円

婚約記念品 20万～40万円

女性

結納品 1万～5万円（関東式）

結納返し 結納金の半額（関東式）
結納金の1割（関西式）

婚約記念品 10万～15万円

仲人にかかる費用

当日 （酒肴料・車代）

祝い膳を省略する場合は1人1～2万円で、夫婦の場合には2名分包む。車代は実費を目安に、キリのよい金額を。

結納後 （謝礼・手土産）

謝礼は形式によっても違いますが、結納金の1～2割程度。祝儀袋は連名で、表書きは「寿」「御礼」。謝礼へ出向く際、3000円程度の菓子折りを持参します。

結納品と一緒に取り交わす書類の中身

目録

関東では、男性が「御帯料　壱封」、女性が「御袴料　壱封」とします。指輪を贈る場合は、ほかの品目にかからない番外に「優美和付き」と書きます。

受書（うけしょ）

目録に合わせて記入します。贈り主と受取人の名前が目録とは逆になるので気を付けましょう。地域・主体は誰かなどによっても書き方が異なるので確認を。

家族書・親族書

家族書や親族書は、結婚する2人の家族や親戚を紹介する意味で、奉書紙に毛筆でしたため、結納品につけて取り交わすものです。最近は家族書だけにしたり、どちらも省略する場合もあります。家族書・親族書には、さまざまな考え方や書き方があります。一般的に、家族書には2親等までの家族の名前と本人との続柄を書き、本人は一番最後に記載します。同居の祖父母、既婚の兄弟姉妹も、家族書に書くことが多くなっています。住所が違う場合は名前の前に記します。また、親族書には3親等までの親族の名前・続柄・住所を書きます。別居の祖父母を最初に記し、伯父伯母（叔父叔母）を父方、母方の順で記します。

Q&A

Q 結婚記念品の品物は？

A 女性から男性へ贈る結納返しの品は、婚約の記念品という意味合いからも、末永く形に残るものがよいでしょう。消耗品や古くなると使えなくなるものは避けます。

結納の服装

結納は改まった席なので、それなりに身なりを整える必要があります。しかし最近では、完璧な正礼装というのは珍しいようです。

両家でよく話し合って格をそろえることが大切

結納では、男性は礼服かダークスーツを着用し、女性は和装なら振袖か訪問着、洋装なら肌の露出が少ないドレスやスーツでフォーマルに装いましょう。結納の服装を考えるうえで一番大事なのは、参加する人の服装の格をそろえることです。そのために、事前に両家でよく相談しておきます。特に父親同士はスーツなのか礼服なのか格を合わせるようにしましょう。また、基本的には双方の親が、子どもの格に合わせた服装にします。

当日はすみずみまで服装チェック

男性の場合、シャツのしわや襟、袖の汚れに気を付けましょう。靴下に穴は空いていないか、また新品の場合、特に気を付けたいのが、サイズなどを表記した小さなシール。足の裏部分などに付いていないか、きちんとチェックしておきましょう。

女性の場合、洋装であればストッキング、和装であれば足袋の控えを持っていた方がよいでしょう。香水や、アクセサリーもつけ過ぎないように気を付けます。

両親

両親は何を着る？

父親ならダークスーツが一般的です。迷う場合は、子どもと話し合って一緒に決めてもよいでしょう。母親は和装なら紋なしの訪問着や付け下げ、色無地を、スーツならスカートの丈はひざ下くらいのものを選びましょう。

新郎新婦

和服のマナー

最近の傾向としては略礼装が多いのですが、女性は正礼装の振袖が圧倒的に多いようです。一般的に、振袖は結婚すると着ることができなくなるので、記念にもなります。和装で歩くときは、背筋を伸ばして、小股ですり足で歩くと裾が乱れません。

6～3ヵ月前

当日の服装

●男性

ブラックスーツかダークスーツ。ネクタイは自由ですが、シルバーやグレー系の色にするとフォーマルです。靴は、ブラックのプレーントーを。

●女性

和装なら振袖紋付きの色無地、訪問着、付け下げ。

洋装ならドレッシーなワンピース、アンサンブルやツーピース。コサージュやパールを着ける。

●両親

ブラックスーツかダークスーツ。ネクタイは自由ですが、シルバーやグレー系の色を選ぶとフォーマルです。靴はブラックのプレーントーを。

和装なら紋付きの色無地、訪問着、付け下げ。洋装の場合はアンサンブルやツーピース。コサージュやパールを着ける。

略式結納の流れ

最近では仲人を立てない結婚式が増えてきたこともあり、結納の形も、略式結納が一般的になってきました。進行や準備しておくことなどを確認しておきましょう。

6～3カ月前

仲人を立てない場合は男性の父親を進行役に

略式結納で、本来の進行役である仲人がいない形にした場合は、男性の父親が進行役を務めることが多いようです。ホテルや式場を利用した場合は、そこの担当者が進行役を行ってくれることもあります。どちらにしても基本的な流れは同じで、結納での口上も進行例があるので、一通り頭に入れて結納に臨みましょう。

また、ホテルなどの担当者に進行をお願いした場合は、心付けを忘れずに。

略式結納も形はさまざま。どの程度まで簡略化するか

結納といえば、かつては男性宅と女性宅を仲人が往復して行われるのが一般的でした。しかし最近では、仲人の有無や、両家が離れた場所にある場合に、両家の両親と本人が一カ所に集まる、略式結納が主流です。その場合、男性だけが女性宅へ出向き、結納を取り交わすなど、形はさまざまです。

さらに、結納のしきたりは地方によっても異なります。どの程度簡略化するか、両家でよく相談しましょう。

新郎新婦

結納の方法はどうする？

結納の方法を決めるときは、贈る側の男性に合わせるのが一般的です。しかしその結果、女性側のしきたりに合わず、女性が肩身の狭い思いをすることもあります。決めかねるときは、2人が現在住んでいる場所のしきたりに合わせるのも合理的です。

両親

親の立場でアドバイスを

親世代は婚約が決まると、まず結納を考えるでしょう。略式でホテルなどを利用した場合、自宅での準備がいらないなど、親の負担も少なくて済みますが、結納の伝統的な良さなど、メリットも含めて子どもとよく話し合いましょう。

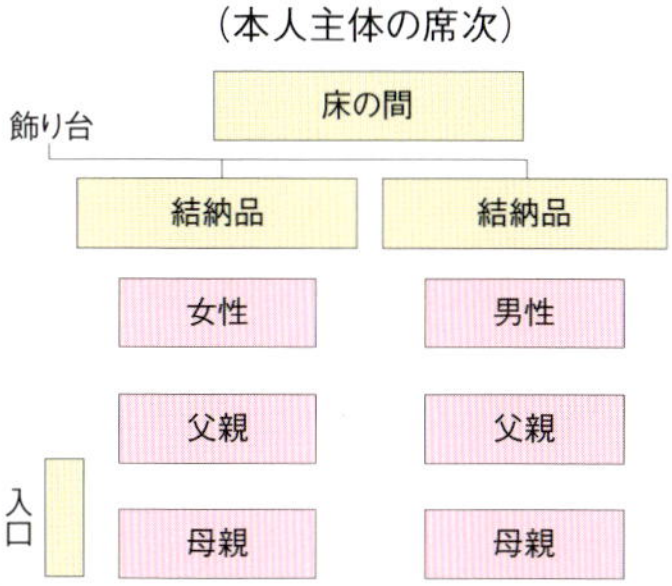

席次（関東式）

一般的に、男性側が入口から遠い上座に、女性側が下座に座ります。本人主体の場合は、床の間側から、本人・父・母の順に座ります。父親主体の場合は、床の間に一番近い位置に父親が座ります。仲人を立てる場合は、結納品に背を向けないよう、床の間に向かい合う位置に座り、祝宴時には床の間側に移動します。席次は、地方や家の考え方によって異なります。事前に確認しておきましょう。

略式結納の流れ（関東式の本人主体で仲人を立てない場合）

1 結納品を部屋に準備する

和室なら、床の間や床の間の前に、洋室ならテーブルの上に、結納品・目録を飾る。

2 あいさつと着席

和室なら席次（上図参照）のように着席する。洋室は、席の脇に立ち、「本日はお世話になります。よろしくお願いいたします」と本人同士があいさつ。次に「よろしくお願いします」と両親があいさつし着席する。

3 男性側の父親が初めのあいさつ

「このたびは、○○様と私どもの○○に、素晴らしいご縁を頂戴し、ありがとうございます。略式ではございますが結納を納めさせていただきます」

4 男性側の結納品を女性側に納める

男性の母親が飾り台まで行き、結納品を持って女性の前へ。席に戻り、男性の父親の口上「○○からの結納の品でございます。幾久しく納め下さい」の後、深く礼。女性側は軽く礼。

5 女性側が目録を改める

女性、父親、母親の順に目録に目を通す。女性が口上「ありがとうございます。幾久しくお受けします」を述べ、一同深く礼。

6 女性側からの受書を男性側に渡す

女性の母親が、結納品を飾り台に戻した後、受書を男性へ渡し、席に戻る。女性の父親が口上「○○からの受書でございます。幾久しくお納めください」を述べ、深く礼。男性側は受書を改める。

7 女性側の結納品を男性側に納める

再び女性の母親が男性側に贈る結納品を男性の前に運び、席に戻る。女性の父親が口上「○○からの結納の品でございます。幾久しくお納めください」を述べ、深く礼。

8 男性側が目録を改める

男性、父親、母親の順に目録に目を通す。男性が口上「ありがとうございます。幾久しくお受けします」を述べ、一同深く礼。

9 男性側からの受書を女性側に渡す

男性の母親が結納品を飾り台に戻した後、女性側に贈る受書を女性の前に運び、席に戻る。男性の父親が口上「○○からの受書でございます。幾久しくお納めください」を述べ、深く礼。女性側は受書を改める。

10 結びのあいさつ

男性の父親「本日は誠にありがとうございました。無事結納を納めることができました。今後ともよろしくお願いいたします」、女性の父親「こちらこそお世話になりました。今後ともよろしくお願いいたします」の順であいさつ。一同深く礼にて終了。

記念品の交換

婚約記念品にもきちんとした選び方があります。婚約記念品は一生の思い出となるもの。何が喜んでもらえるのかよく考えて、素敵な品を選びましょう。

男性から女性へ、人気の品は指輪

男性から女性へ贈る婚約記念品のほとんどが、エンゲージリングです。エンゲージリングには、二人のイニシャル、婚約式を行った年月日を刻みます。

エンゲージリングの場合、一番人気はダイヤモンドで、宝石の中で最も硬度が高いため、固い愛の絆を象徴するといわれています。

ダイヤモンド以外なら女性の誕生石を贈ることもあります。誕生石には魔よけのパワーがあるとされています。

女性から男性へ、実用的がキーワード

女性からの婚約記念品は、実用的なアイテムが人気で、時計、スーツ、ネクタイピンなどが多いです。

また最近では、めったに使わないものよりは、実用的な品を求める男性も増えているので、慣習にとらわれず、相手の趣味に合った記念品を贈りましょう。

例えば、音楽が好きな人へは、オーディオ機器、アウトドア派の人には、海外の少し高級なマウンテンバイクなどといった品も人気のようです。

両親

子どものための援助とは？

子どもの結婚に際して援助する親は多く、100万〜200万円程度を援助するケースが一番多いようです。しかし、婚約記念品などは、子どもたちの身の丈に合ったものを贈る方がよいでしょう。また、親が受け継いだ指輪をリメイクして子どもに贈るなど、金額よりも愛情を重視しましょう。

新郎新婦

婚約記念品の交換

婚約記念品の交換は、もちろん2人だけでもできますが、できれば両家の親も一緒に集まって交換することをお勧めします。内容や形式は自由ですが、略式結納の形で交換をするのも一つの方法。きちんと儀式を行うことで、本人たちも家族も婚約をしたという実感がわきます。

6〜3ヵ月前

婚約を披露するさまざまな方法

婚約を周囲の人たちに知らせる方法は、いろいろあります。自分たちらしい方法で報告し、友人や親族に祝福してもらいましょう。

6～3ヵ月前

立会人が婚約の証人。婚約式を行うカップルも

婚約式とは、一般的にはキリスト教の婚約式のことをいいます。そのほか、ホテルやレストラン、結婚式場で行われる「人前婚約式」もあります。立会人は友人や先輩、恩師などです。

二人が誓いの言葉を朗読して、婚約宣誓書にサインし、婚約記念品の交換をするというのが、大まかな流れです。

また、神職が二人の仲を取り持ち結納を交わすという、神社での結納式もあります。

カジュアルでアットホームな婚約披露パーティー

婚約披露パーティーとは、親族や友人を招いて、婚約者を紹介する欧米風の婚約スタイルです。本人が主催する場合と友人主催の場合があります。費用は本人たちが負担するか、会費制にするのが一般的です。また、会費制にした場合は、自分たちがお祝いをしてもらう側なので、ご祝儀は頂かないようにします。

決まった形式などはありません。アットホームな雰囲気で、楽しく自由に行えばよいでしょう。

新郎新婦

招待状を送るポイント

招待状は、印刷したものでも構いませんが、人数があまり多くない場合などは、手作りすると、よりアットホームな雰囲気に。往復はがきを利用するか、封書なら返信用はがきをつけます。カジュアルなパーティーの場合は「平服でお越しください」などとひと言添えると親切です。

両親

婚約式での親の役割

婚約式での親の役割は、婚約を誓う2人を見届け、立会人への心配りをすることです。当日は「謝礼」（1万円程度）と「御車代」（5000円）を立会人に渡します。

立会人が友人など、正式な結納に比べればカジュアルなものなので、なるべく控えめに参加します。

婚約記念品のいろいろ

●男性から

ほとんどの男性が指輪を贈ります。平均額は 30 万円ほど。ネックレスや着物を贈る人も。

●女性から

実用的なアイテムや趣味の物が人気。時計やネクタイピン、スーツなど。

●親から

２人へペアの時計や、親の指輪をリフォームしたもの。また、代々受け継いだ食器などを贈る人も。

婚約披露パーティーの流れ

1 開会のあいさつ
2 ２人から婚約を発表
3 婚約指輪など記念品の交換
4 乾杯
5 会食、歓談
6 ２人からお礼のあいさつ
7 閉会

人前婚約式進行例

1 ２人の入場
2 司会者による開会の言葉
3 ２人の紹介を兼ねた立会人のあいさつ
4 ２人で婚約誓書の朗読
5 婚約誓書にサイン
6 婚約記念品の交換
7 立会人による婚約宣言
8 列席者からの祝辞
9 ２人からお礼の言葉
10 司会者による閉会の言葉

神社での結納式

1 修祓《しゅばつ》
2 献饌《けんせん》
3 祝詞《のりと》奏上《そうじょう》
4 結納の儀（結納品の取り交わし）
5 一献《いっこん》の儀（御神酒の酌み交わし）
6 玉串奉奠《たまぐしほうてん》
7 婚約記念品交換
8 直会（婚約成立の乾杯）
9 撤饌《てっせん》

※神社により各儀式の呼称、順番、有無などは異なります。

婚約を知らせる

婚約通知書は、友人や親族にはがきやカードなどの封書で婚約をお知らせする方法です。本人主体で出せる手軽で便利な方法です。

6～3ヵ月前

婚約通知は はがきやカードで

友人や先輩、恩師など広く周りの人たちに婚約をお知らせする際に活用するのが、婚約通知です。

婚約通知を出す場合は、二人の連名で送ります。これは婚約式や婚約食事会、結納を行ってから挙式までに間があるとき、挙式や披露宴に招待したい人たちに向けて、挙式予定を連絡する意味で送る場合もあります。ただし、職場の上司や同僚など、毎日顔を合わせるような人には、なるべく早く口頭で伝えるようにしましょう。

婚約通知の文例

拝啓　桜の花の便りが聞かれるころになりました。
皆様にはお変わりなくお過ごしのことと存じます。
さて、私たちは○月○日に婚約いたしました。
いずれあらためてご案内いたしますが、
挙式は今秋を予定しております。
ぜひ、ご出席くださいますようお願い申し上げます。
今後ともご指導のほど、お願い申し上げます。
敬具

平成○年４月吉日

○○　○○（男性氏名）
○○　○○（女性氏名）

※下線部は、実際の文面では記入しません。

両親

婚約通知書のポイント

婚約通知は親が出す場合もあります。基本的に書き方は、子どもが出すときと変わりませんが、きちんとポイントを押さえて不備のないようにしましょう。時候のあいさつと婚約の報告の後に、挙式の日取りが決まっていればその連絡をします。署名はなるべく手書きでしましょう。

新郎新婦

婚約を知らせる際の注意点

婚約などの報告漏れは、友情にひびが入ってしまう原因に。挙式・披露宴に招待しない人も含めた報告リストを作り、チェックしておきましょう。また、会社の上司や同僚に知らせる際に、業務時間内に話すのは公私のけじめがないように見えるので、昼休みなどを利用して報告しましょう。

婚約を解消するとき

できれば避けたい婚約の解消ですが、諸々の事情で解消する場合もあります。そうなったときの対処法も、きちんとチェックしておきましょう。

婚約解消を決めたら贈り合った品は迅速に返却

相手にほかの異性との関係が判明したり、経歴を著しく偽っていたなど法的に認められる理由以外にも、気持ちが揺れることはあります。まずは親や仲人に相談を。

それでも気持ちが変わらないなら、婚約解消を決断しましょう。その際は結納品や結納金、婚約記念品などすべて迅速に返却します。また、婚約を知らせた人がいれば、詳細に触れる必要はありませんが、婚約解消通知を出して、きちんとお詫びしましょう。

婚約解消通知の文例

拝啓　陽春の候、ますますご健勝のこととお喜び申し上げます。
さて、誠に突然ではございますが、
このたび余儀ない事情により、婚約を解消することとなりました。
皆様からのたくさんのご祝福を賜りながら、
このようなことになり、誠に申し訳なく思っております。
どうか今後とも変わらぬご指導、ご鞭撻のほど、よろしくお願い申し上げます。
敬具

平成○年４月○日　　○○　○○（男性氏名）
　　　　　　　　　　○○　○○（女性氏名）

※下線部は、実際の文面では記入しません。

両親

話し合いがつかないとき

基本的には本人たちの責任で対処することですが、性格の不一致や価値観の相違などが理由ですと、なかなか話し合いのつかない場合もあります。親としては子どものために相手側と話したいところですが、仲人など第三者に依頼するのが賢明です。

新郎新婦

かかった費用は？

式場などを予約していたときは、両家で折半が基本ですが、明らかに相手に非がある場合は、その相手が払います。
また、新居用の家具などを購入していた場合、購入した側が引き取るのが一般的です。

2
章

結婚の準備を始めよう

式場、衣装、スタイル、料理、引き出物など……。結婚式を挙げるに当たって決めなければいけないことは選びきれないほどたくさんの選択肢があります。二人だけで決めてしまわずに、両親や周りの意見も参考にして、ずっと思い出に残る式を作っていきましょう。

挙式と披露宴で作る結婚式

一般的に「結婚式」というときは、挙式と披露宴という本来別々の内容から成り立っている二つを合わせて表現しています。それぞれの意味を理解していると、自分たちらしい結婚式を執り行いやすくなります。

まず、挙式ですが、これは参列していただくお客様のためにするのではありません。新郎と新婦が、お互いを人生のパートナーに選び、今後の約束を交わして、新しく夫婦として生きていくための儀式です。そこには昨日まで恋人同士だった二人が、今日からは、社会に認められた夫婦になる〝けじめ〟が求められます。新しく二人の戸籍ができるわけですから、親子の間柄にもけじめが生まれます。

親の愛情でここまで成長できたことに感謝をする儀式ですから、本人や家族にとっても感動のひと時です。個人的な約束の式に、大勢の人たちが立ち会ってくれるのが挙式です。友人や知人の立ち会いの意味は、単に見守るだけの役目ではなくて、この式の大切な証人なのです。儀式が持つ使命は、二人の人生のキックオフとして、歩み始める喜びや覚悟を二人に芽生えさせ、その気持ちを大切に守る意識を持たせるスタートラインになることです。

近年、そのことを理解しているカップルが多くなりました。形式よりも心に残るメッセージを式の中で牧師先生から聞きたいからと、式前に牧師先生と会ったり、誓いの言葉を自分の言葉で考え、式を大切にされる方がたくさんいます。

きちんと挙式を執り行った後に、立ち会い、証人になってくれた人たちへ、「よろしくお願いします」という感謝を表した宴を行います。それが披露宴です。おいしいお料理を楽しんでいただく宴、主賓だけではなくすべての出席者からインタビュー形式で一言ずつスピーチをもらうアットホームな宴、趣味を生かしたオリジナリティー溢れる宴など、盛りだくさんよりシンプルなスタイルが人気です。メリハリをつけて、お招きするお客様の年齢や立場などを考えながら、お二人にふさわしい披露宴をプロと一緒に作ると、一生忘れられない思い出になるでしょう。

挙式・披露宴のスケジュール

	8カ月前	6～3カ月前	3～2カ月前
挙式・披露宴のプランニングスケジュール	●結婚式を行う時期を決める ●結婚式のイメージを相談する ●会場の資料などを取り寄せる ●結婚費用の予算を検討する ●媒酌人の有無の検討後、決定と依頼 ●招待客のリストアップ ●ブライダルフェアや会場の下見 ●挙式・披露宴のスタイルを検討する 挙式（キリスト教式・神前式・人前式・仏前式・海外挙式） 披露宴（ホテル・専門式場・ゲストハウス・レストラン） ●会場と日取りの決定・予約（申込金支払い） ●衣装選び開始	●指輪を選ぶ（エンゲージリング・マリッジリング） ●挙式スタイルの決定 ●披露宴スタイルの決定 ●衣装の決定（オーダーメイドの場合） ●披露宴プログラムの検討 ●二次会の検討 ●招待客リストの作成	●招待客の決定 ●招待状の作成（招待状の筆耕依頼） ●衣装の決定（レンタルの場合） ●スピーチ・余興の人選 ●司会者・受付の人選と依頼 ●写真・ビデオ撮影の依頼 ●ヘアメイクの依頼 ●列席者の着付け・ヘアメイクの確認と依頼 ●引き出物・引き菓子・プチギフトを選ぶ ●二次会の会場決定
本人へのアドバイス	・ブライダルフェアなどに参加。挙式・披露宴のイメージを固める。 ・日取りと会場が決まったら予約金の支払いを。 ・衣装選びは会場のスタイルと合わせて考える。	・この時期に結納を行い、結婚式について両家で相談を。	・写真やビデオなど専門の業者に依頼する場合は、業者のピックアップを。
両親へのアドバイス	・子どもたちの経済力に合った式を計画しているかを把握。 ・子どもの衣装選びにアドバイスを。ただし、意見を押し付けないように。	・結納の席などで、結婚式についてよく相手の両親の意見を聞き、相談を。	・席次の決め方に失礼はないか、両親が確認を。

3～2カ月前	2～1カ月前	2週間前～前日	当日
●二次会の招待状作成 ●ブライダルエステに通う ●招待状の発送（披露宴・二次会） ●スピーチ・余興の依頼 ●料理・飲み物・ケーキの検討 ●会場装飾・装花の打ち合わせ ●ブーケ・ブートニアの手配 ●ヘアメイクのリハーサル ●席次・レイアウトの検討 ●ペーパーアイテムの作成（席次表・プロフィール表・席札・メニュー表・ウエルカムボードなど） ●引き出物・引き菓子・プチギフトの決定 ●二次会のプログラムの検討	●招待状の出欠はがきの整理 ●招待客人数の決定 ●料理・飲み物・ケーキの決定 ●披露宴プログラムの決定（司会者との打ち合わせ） ●BGMの検討、決定 ●最終見積もり確認 ●遠方からのゲストの宿泊・交通の手配 ●式当日のハイヤーの手配 ●二次会の出席人数の確認 ●二次会幹事との打ち合わせ	●挙式・披露宴料金の支払い ●媒酌人へのあいさつ ●スピーチ・余興・諸係への確認 ●あいさつの準備 ●最終エステ ●衣装の最終確認 ●衣装・小物の搬入 ●会場担当者と最終確認 ●ネイルケア ●お礼・心付けの用意 ●当日のスケジュール確認 ●当日お世話になる人へのあいさつ	●お礼・心付けを渡す ●挙式リハーサル ●スタッフへのお礼
・招待状の発送は2カ月前まで、返信期日は1カ月前までに。 ・披露宴の料理選びは慎重に。招待客の好みやアレルギーなどもリサーチする。	・招待状の出欠はがきは早目に整理する。 ・親族の席次決めは、両親主体で。 ・親族・列席者の着付けがある場合は、集合時間などきちんと連絡する。	・スピーチ・余興をお願いする人へは、何分くらいでお願いするか、はっきりと伝える。 ・衣装や小物は、あらかじめ搬入する。	・当日は何かと慌ただしく、気が回りにくいが、お世話になる人へのあいさつはきちんと。
・引き出物の選び方が、本人たちの趣味に偏っていないかなど客観的なアドバイスを。	・披露宴の進行や当日のスケジュールを子どもに聞き、把握しておく。	・お礼や心付けなどを、当日渡すのは親の役目。しっかりと渡す相手を確認する。	

結婚式の日取りを決める

あいさつや結納を終えたら、これからが結婚準備の本番です。結婚式の日取りの決定は早めにしましょう。遅くとも半年前までに決めておけば、余裕を持って準備を進められます。

8〜6ヵ月前

人気なのは大安吉日の土曜日

結婚式の日取りは、やはりお日柄を気にする人が多いようです。

なかなか予約が取れないのが、大安吉日の土曜日。しかし、最近では仏滅や平日に割引サービスを行う式場もあり、利用する人も増えています。両親や仲人も交えてよく話し合いましょう。

また、列席者の都合も考慮したいもの。お盆休み、ゴールデンウィークなど、多くの人が予定を立てるような連休などは、列席者への配慮を忘れずに。

「六輝」について

六輝とは、太陰暦で吉凶を占う目安です。

大安《たいあん》
一日中が吉とされる。祝い事に最良の日。

友引《ともびき》
「何をしても勝負がつかない」の意。朝晩が吉。慶事にはふさわしい。

先勝《せんしょう》
「先んずれば勝」の意。午前中が吉。祝い事は午前中から始める。

先負《せんぶ》
「先んずれば負ける」の意。午後が吉。祝い事は正午以降に。

赤口《しゃっこう》
正午のみが吉。祝い事は正午をまたいで。

仏滅《ぶつめつ》
御釈迦様崩御の日や、物が滅する日ともいわれる。

両親

仏滅のメリットも考える

日取りのこだわりといえば六輝。親世代なら気になるところ。しかし、平日や仏滅はお得なプランが用意されていることもあるので、一概に悪いことばかりとはいえません。空いている分、予約も取りやすく雰囲気もゆったりしています。子どもの希望も聞きながら検討してみましょう。

新郎新婦

周りの意見もよく聞いて

日取りを決めるとき、本人たちは気にならないことも親や仲人、また親族の中にはこだわりの強い人もいます。よく意見を伺いましょう。
ただし、仏滅などに挙式をすることになったら、周りに説明して、理解を得るようにしましょう。

挙式に関する情報を集める

挙式と披露宴には、さまざまなスタイルがあります。二人らしい結婚式を挙げるためにも、たくさんの選択肢から、ベストなものを選びたいところ。しっかりと情報を収集しましょう。

8〜6ヵ月前

自分たちのイメージをより明確に

最初に決めなくてはならないのが、「挙式スタイル」と「会場」です。自分たちがどんな挙式や披露宴を行いたいのか、二人の理想のイメージを話し合いましょう。

方向性が決まったら、理想に合った挙式スタイルと会場を選んでいきます。

情報誌やインターネットなどを利用して、数件に絞り込んでから実際に下見に出掛け、会場のスタッフに疑問に思っていることを積極的に尋ねましょう。

理想の結婚式を挙げるために情報を集める

情報が載っている媒体は数多くあります。専門の雑誌や結婚式場のホームページなど、同じ会場のことでも見せ方には違いがあります。また、既婚者の友人や先輩、兄弟・姉妹に、話を聞くのもよい方法です。二人で結婚の報告を兼ねて、訪ねてみてもよいでしょう。体験者だから分かる会場選びのポイントもあります。

なお、実際に足を運んで会場の下見をする場合は、事前に予約しておくのを忘れずに。

両親

親の視点でアドバイス

会場選びで本人たちが最終候補を決めたら、親子で実際に足を運びましょう。親の目で見てアドバイスを。会場までの交通の便（年配者にとって分かりやすいか）、会場の第一印象、スタッフのサービスや応対の善しあしなど、親でなければ気がつかない細かな点も多くあります。

新郎新婦

インターネットの活用

情報収集にはインターネットも活用しましょう。最近では専門の総合サイトもあり、費用や会場の雰囲気を比較検討できます。また、サイトの掲示板には、その会場を利用した人の感想などが載っていることも。あくまでも個人的なものですが、実際に利用した人の意見は参考になります。

招待客のリストアップ

会場選びもある程度人数が決まっていなければ進みません。誰を招待するか、早めにリストアップをしましょう。

アバウトなカウントはNG。10人くらいの増減を目安に

収容人数によって、選べる会場は変わってきます。ある程度の正確な招待人数が分からないままで、会場の予約をするのはお勧めしません。アバウトなカウントでは、後で会場を変更しなければならない可能性もあるからです。

招待客リストは、しっかりとしたものを作成しておきましょう。後々の人数調整も考えて、10人くらいの増減を目安に作ると便利です。

招待客は分類してリストアップする

誰を招待して、誰を招待しないかは大いに悩むポイントです。リストは、必ず新郎新婦それぞれで作成し、まずは「友人・知人」、「職場関係」、「親族」で分類しておきます。そして、さらに「主賓クラス」、「必ず招待したい」、「できたら招待したい」、「二次会から招待したい」に分類しておきましょう。そうすれば、お互いのリストを照らし合わせた時に、人数調整がしやすくなります。

両親

両家のバランスを確認

招待客の人数で、両家のバランスが取れないときは、無理に合わせる必要はありません。ただし、費用の分担は招待客１人当たりで計算し、清算するのが一般的ですから、あまり偏りが出るのも考えもの。よく相談して決めましょう。

新郎新婦

招待状を出す前に連絡を

リストを作ったら、招待状を出す人には事前に電話でお知らせします。突然、招待状が届いても、都合がつかないこともあります。日時を告げて出席できるか確認を。スピーチや余興をお願いしたい人には、このときお願いします。

8〜6ヵ月前

リスト作成のStep＊

Step 1 招待したい人をリストアップ

新郎新婦それぞれが、親族、友人、会社関係などに分けてリストを作ります。

Step 2 お互いのリストをチェック

お互いの招待客を完全に5対5にするのは困難です。「だいたい同じくらい」を目安に選びましょう。

Step 3 親族関係は必ず親に相談を

親族のリストアップは、親を交えて行いましょう。漏れがないようにチェックしていきます。

招待客の平均人数の内訳

招待客の平均人数の内訳は、「親族」が27.1%、「学生時代の恩師・友人（勤務先以外の友人）」が23.9%、「勤務先の上司・同僚」が15.7%、「親の知人・友人、近所の人」が2.1%、「その他」が2.0%となっており、なかなか自由に友人などを呼べていないのが現実のようです。

『ゼクシイ 結婚トレンド調査2011 首都圏版』（リクルート）調べ

豆知識

結婚式に招待する人数は、平均すると70人前後ですが、80～90人未満の人が一番多く、次いで60～80人未満となります。しかし、その倍の130人以上招いた人もいれば、30人の少人数の披露宴にした人も。自分たちにピッタリのスタイルを見つけましょう。

カリスマプランナーのうまくいくコツ&テクニック

思い切って披露宴を2部制に

どうしても人数を削るのが難しい場合は、親族中心で1部を行い、友人中心で2部を行うなど招待者のタイプを分けて2部制にするのもアイデアです。

下見・ブライダルフェアに出掛ける

招待者の人数にある程度目処がついたら、次は会場選びです。二人で都合を合わせ、会場の下見やブライダルフェアに出掛けましょう。

8〜6ヵ月前

会場選びは必ず足を運んで決める

会場選びをするときは、情報誌やインターネットはあくまでも候補を絞り込むためのツールと捉えましょう。実際に足を運んで自分の目で見ると、予想と違うことはよくあります。

また、会場だけでなく最寄り駅からの距離や、会場までの交通の便も確かめておきましょう。

下見に行くのはできるだけ二人の予定を合わせて行きましょう。お互いの親とも、都合が合えば一緒に出掛けましょう。

チェック項目を明確にして会場の比較を

見て回った中から会場を選ぶには、会場を比較するためのチェックポイントを決めておくと検討しやすくなります。

自分たちが、理想とする会場の譲れないポイントは何なのか、事前によく話し合っておくことが大切です。また、下見に行くときは、予約を入れましょう。担当者に聞かないと分からない疑問などを解決するためにも、事前に電話をしておけば会場側の対応もスムーズです。

両親

招待客への配慮

会場が絞り込まれたら、下見にはなるべく同行するようにしましょう。本人たちだけでは自分たちの好みに偏りがちです。
理想やイメージばかりを重視していないか、招待客にきちんと配慮した会場選びができているかなど、客観的にアドバイスをしていきましょう。

新郎新婦

下見スケジュールも大切

1つの会場での見学や説明にかかる時間は、平均2時間半ほどが目安です。がんばれば、午前、午後、夜と、1日に3会場を見学することができます。2人の限られた時間で下見をするのですから、効率よく動けるよう、うまくスケジュールを立てましょう。

下見のStep＊

Step 1 担当者には遠慮なく質問を

せっかく下見に行くのですから、疑問に思ったことは、担当者に率直に聞きましょう。

Step 2 確認したことは忘れずにメモを

下見した結果や質問への回答は、2人で話し合うときの材料に。きちんとメモしておきましょう。

会場下見のチェック項目

●会場の雰囲気
- 挙式場の雰囲気（館内 or 屋外）
- 会場の収容人数
- 会場のインテリアやテーブル配置

●設備の充実具合
- 控室の使用可能部屋数
- 控室の数、広さ、設備
- メイクルームの設備

●料理の内容
- 味、種類とメニュー
- 自由に選べる範囲
- 特別メニューは可能か？

●交通アクセス
- 乗り継ぎの便利さ
- 車でのアクセス
- 最寄駅からの距離
- 送迎バスの有無

●日程と予算
- 空き状況
- 料理、飲み物の費用
- 会場使用料
 必要であれば見積もりを出してもらう。

●スタッフの対応

下見の担当者以外にも、その施設のスタッフの仕事ぶりをよくチェックしておきましょう。スタッフの対応は結婚式を成功させる重要なポイントです。

下見の服装と持ち物

♥新郎

ホテルや高級レストランにも行ける程度の、奇麗でカジュアルな服装を心掛けましょう。

♥新婦

カジュアル過ぎない、通勤で着るようなスタイルで。ドレスの試着があるときは、脱ぎ着しやすい服装で、肩ひもの見えない下着を着用しましょう。

♥持ち物

いくつも回ると記憶があいまいに。デジタルカメラとメモ帳を忘れないようにしましょう。

カリスマプランナーのうまくいくコツ&テクニック

ブライダルフェアの活用ポイント

1. 本番さながらの飾り付けや料理が試食できる

模擬挙式や披露宴料理の試食会、会場の飾り付けなど、当日の模様が再現されています。より具体的な情報が得られます。

2. 情報誌や専門サイトで日程の確認

結婚情報誌やインターネットには、ブライダルフェアの情報が多数掲載されています。日程の合うものをチェックしましょう。

3. 料理の試食など予約が必要なものは確認を

せっかく行っても予約が必要で入れないということもあります。直接会場に問い合わせて、必要であれば予約しましょう。

ブライダルフェアの主な内容

●模擬挙式

モデルが再現する挙式を見て、全体の雰囲気など自分たちの望んでいるものかチェックします。

また、会場の広さや遠くの席からの見え方など、招待客の目線でチェックできます。

●試食会

披露宴で実際に出されるメニューを試食できる場合もあります。味やメニューの種類、対応の柔軟性などをチェックします。

●会場の装飾

披露宴用に飾られた会場を見学できます。テーブルセッティングや装花のコーディネートをチェック。

●ドレスの試着

ウエディングドレスやカラードレスの試着ができる場合も。簡単なヘアメイクをしてくれるところも。持参のカメラに撮って参考にします。

●そのほか

婚礼衣装のファッションショーなど、会場独自のイベントも用意されていることが多いので、楽しみながら参加しましょう。

● その場で結論は出さない

ブライダルフェアの豪華な雰囲気に、つい「ここがいい！」と興奮しがちですが、２人が気に入った場合でも、仮予約をしていったん結論は持ち帰りましょう。自宅で集めた資料やチェック項目、会場で撮った写真などを参考に検討し、両親の意見も必ず聞きます。一般的にも２～３カ所へ見学に行く人が多いようです。仮予約にキャンセル料はかからないので、雰囲気にのまれて慌てて決めてしまわないように注意しましょう。

Q&A

Q フェアや下見、みんなは何カ所行くの？

A 最も多い回答は2～3カ所で、平均してもそのくらいに。ただし、8～10カ所の会場を回ったという人もいます。挙式までの準備期間にもよりますが、2～3カ所は見ておきたいですね。

豆知識

新郎がブライダルフェアなどでチェックしておきたいのが、会場の設備やシステムです。新婦はついつい華やかなドレスなどに目を奪われがちなので、新婦の見落としそうなスクリーンの位置や見え方、喫煙所の場所なども重点的にチェックしておきましょう。

もう一度チェック　会場選びの流れ

1 挙式・披露宴のイメージを決定

2 日取りや招待客数、予算を大まかに決定

3 雑誌などを参考に気に入った会場をいくつかピックアップ

4 気に入った会場に資料を請求

5 資料をもとに候補を絞り込む

6 ブライダルフェアを利用するなど、会場に足を運び、自分の目でチェック

7 見積書を出してもらう。疑問点を担当者に聞くなどしてクリアにしていく

8 会場を仮予約する

9 親にも最終的な相談と確認

10 申し込みをする

カリスマプランナーのうまくいくコツ&テクニック

お互いの希望を整理しておく

2人の希望や方向性を、会場見学に行く前に具体的に相談しておきましょう。そうすれば会場選びがよりスムーズに進みます。何も話し合わずに「何となく見学に……」では、ただ迷ってしまうばかりです。予算や演出、場所、さらに互いの両親の意向など、何を基準にどんなポイントを重視するのか、事前に2人でしっかりと話し合っておきます。結婚は2人のものであると同時に、両家の問題でもあります。勝手に話を進めてしまわずに、両親の意向もきちんと聞いておきましょう。

仲人の決定と依頼

最近では、仲人を立てないスタイルが主流になっています。メリットやデメリットをよく知ったうえで、両親、親族の意向を伺い決定しましょう。

仲人を立てる意味を理解してから判断を

仲人は、結納から挙式、披露宴までを取り仕切る世話役です。以前はお見合い結婚も多く、こういった世話役は必ず必要でした。しかし、お見合い結婚が減るにつれ、仲人を立てない人の方が多くなりました。結婚後のお付き合いを必要と感じていないのも主な理由のようです。

とはいえ、仲人の存在は両家の調整役や、相談役として実に心強いものです。よく話し合って決めましょう。

挙式当日だけ立ち会う媒酌人

最近では、挙式当日だけ立ち会う「媒酌人」をお願いすることが多いようです（仲人と媒酌人の違いは左ページ参照）。お願いする媒酌人は、社会的にも人格的にも信頼できる上司や先輩がほとんど。理想的な夫婦関係を築いていることもポイントです。また、新郎新婦とは日常的な親交はないものの、形式やしきたりを重んじる家柄の結婚式では、しかるべき地位や肩書のある人に依頼することもあります。

両親

重要な仲人の役割

仲人の当日の役目は、挙式で新郎新婦に付き添い、さりげなく介添えすること。閉宴後も両家にお祝いとねぎらいの言葉をかけ、会場関係者にはお礼の言葉を述べます。

このように仲人は、自分たちの親に代わる非常に重要な役割。よく承知したうえでふさわしい人を選びましょう。

新郎新婦

2人にとってベストな選択を

仲人は、心から信頼できる人を選びましょう。恩師や新郎の上司が一般的ですが、友人夫妻や親しい親戚、また、2人の出会いを取り持ってくれたキューピッド役の人がいれば、その人に頼むのも今後のお付き合いを考えればよい選択です。

6～3ヵ月前

豆知識

最近では、仲人を選ぶのに新郎側、新婦側ということをあまり気にしなくなってきています。2人にとっても両家にとっても、適任者と思われる人が新婦側にいるなら、依頼しても構いません。両家で人選しましょう。

仲人選びの POINT

- 夫婦ともに、またはどちらかが知っている人。
- 心から尊敬でき、人生の師と仰げるような人が理想。
- 自分たちの理想の夫婦像と一致する人。
- 季節のあいさつや、節目のときなど縁は続くので、人柄が重要。

仲人選びのStep*

Step 1 仲人を立てる意味を理解し、検討する

仲人は、2人の結婚を取り持つ世話役。滞りなく式を進める役を担います。

Step 2 人選も含め両家でよく相談を

仲人選びは、立てる・立てないも含め、両家の問題です。2人だけで決めないようにしましょう。

仲人と媒酌人の違い

仲人は、縁談から結婚までを取り仕切る人のことで、媒酌人は式当日に立ち会う人を指します。恋愛結婚が多くなった今では、本来の意味での仲人は減っています。また、仲人や媒酌人を立てるカップルも1割以下にまで減っています。

カリスマプランナーのうまくいくコツ&テクニック

媒酌人依頼時のマナー

媒酌人を依頼するために先方に出向く際は、最近では、本人たち2人でお願いに行くことがほとんどのようです。訪問時に持参したいのが現在の仕事の内容が分かる経歴書や、家族構成、なれそめ、性格などが記された自己紹介の紙。これを参考に媒酌人は披露宴でのあいさつを考えることになります。

また、3000〜5000円の手土産も忘れないようにしましょう。媒酌人は当日だけでなく、式後も付き合いの続く大切な存在です。誠意を持ってお願いすることを忘れないようにしましょう。

挙式スタイル① キリスト教式

ロマンチックな要素の多いキリスト教の挙式。憧れや外面的なスタイルばかりにとらわれず、キリストの教えを理解したうえで挙式に臨むようにしましょう。

信者でなくても式は挙げられる？

キリスト教は大きく分けると、カトリックとプロテスタントがあります。ホテルや結婚式場では、主にプロテスタントの式を行います。特に手続きは必要ありませんが、市街地の教会で式を挙げたい場合は、礼拝や「結婚講座」に通うことが義務付けられていることがほとんどです。

教会はあくまで善意で信者以外の挙式を受け付けてくれているので、くれぐれも失礼のないようにしましょう。

ウエディングドレスとベールの意味

市街地の教会では、新婦は白のウエディングドレスを着ます。肌を露出するようなものは避け、手袋も一緒に着用するのが一般的です。

また、新婦はベールを付けて、顔を隠して式に臨みます。そして、結婚の誓いを立てた後に、新郎が新婦のベールを上げます。このような段取りを踏むことによって、二人の間に垣根がなくなったことを意味するという言い伝えがあります。

新郎新婦

カトリックの厳格な教え

プロテスタントでは、結婚は2人の愛情によって成り立ち、神の祝福は受けますが、宗教的な制約はないという考えです。しかし、カトリックは、神に対して結婚を誓い、宗教的にも特別な意味を持ちます。したがって離婚は許されません。よく教義を理解して、臨みましょう。

両親

父親と新婦で歩くバージンロード

キリスト教式では、父親と新婦が一緒に入場してバージンロードを歩いた後、父親が新郎に新婦を引き渡します。大切なセレモニーの一つといえますが、会場や司式者によって新郎と新婦でバージンロードを歩く場合もあるので、事前に確認しておきましょう。

6～3ヵ月前

キリスト教式のルール

●友人の参列（○）
チャペルには、親、親族の後ろに、友人・知人席が用意されています。

●写真・ビデオ撮影（△）
市街地の教会や、ホテルに併設のチャペルなどでも、挙式中の撮影は禁止の場合もあるので注意しましょう。

キリスト教式の一般的な流れ（プロテスタントの場合）

1 新郎入場

2 新婦入場
新婦の父親と一緒に入場する場合と、新郎新婦が一緒に入場する場合があります。

3 賛美歌斉唱・祈祷《きとう》
新郎新婦、並びに参列者が一緒に歌います。

4 聖書朗読・式辞
牧師が聖書の一節を朗読し、結婚の意義や神の教えについて説教をします。

5 結婚の誓約
牧師が新郎、新婦の順に結婚の意思を問いかけます。

6 指輪の交換・誓いのキス
新郎、新婦の順に相手の左手薬指に指輪をはめ、新郎が新婦のベールを上げて誓いのキスをします。

7 結婚証明書への署名
新郎新婦が署名、続いて牧師が署名します。

8 結婚宣言
新郎新婦は参列者の方を向き、牧師が結婚を宣言します。

9 賛美歌斉唱・祝祷《しゅくとう》

10 新郎新婦退場
新郎新婦は腕を組み、バージンロードを進んで退場。

カリスマプランナーのうまくいくコツ＆テクニック

「アッシャー」と「ブライズメイド」

男性には「ベストマン」を筆頭に「アッシャー」が付き、女性には「メイドオブオナー」を筆頭に「ブライズメイド」という介添人が付きます。アメリカやヨーロッパの結婚式では、今も大切にされています。新郎新婦の親友や兄弟姉妹の未婚の方にお願いするのが一般的で、人数は1～12人。新郎新婦のそばで挙式の進行をサポートし、結婚式の立会人となる大切な役割です。ブライズメイドに指名されることは、とても名誉なこととされており次の花嫁候補といわれています。

挙式スタイル②

神前式《しんぜん》

神前式は、神道に基づいて行われる儀式です。歴史は意外に新しく、大正天皇の婚礼の儀を参考に、明治34年に日比谷大神宮（現在の東京大神宮）で行われたのが最初といわれています。

6～3ヵ月前

大正天皇の婚儀を参考にした挙式スタイル

新郎新婦の二人が、神の前で夫婦になることを報告し、誓い合うのが神前式です。

現在のような神前式の流れが整ったのは、大正天皇のご成婚の儀式を参考に、日比谷大神宮（現在の東京大神宮）によって創始された明治34年ごろです。それまでは自宅で式を挙げるのが一般的でしたが、戦後、料亭などで披露宴が行われるようになり、それに合わせて神前式も広まったといわれています。

町の神社での挙式も可能。伝統に触れられる挙式

地元の神社などでも受け付けてくれますが、祭礼の時期やその神社が忙しいときには挙式ができない場合もあります。明治神宮や東京大神宮などの有名な神社では、披露宴会場を併設しているところも多く、本格的な神殿での挙式と披露宴が実現できます。

これらの神社では、挙式前に神職以下が列をなして神殿へ向かう参進や巫女《みこ》の舞、雅楽奉奏《ががくほうそう》などの儀式もあり、厳粛な雰囲気で挙式することができます。

新郎新婦

お酒が飲めないとき

三献《さんこん》の儀（三三九度）は、小・中・大の三つ重ねの盃で交互にお神酒《みき》を酌み交わします。最初の２口は盃を口につける動作をし、３口目でいただきます。
もしお酒が苦手なら、盃に口を付けるだけでもOK。事前に介添人に、お酒が飲めない旨を伝えておきましょう。

両親

親族杯の儀とは

親族杯の儀（親族固め）とは、両家が親族となった誓いの盃を交わす儀式のこと。巫女が両家の上座から順に注いだお神酒を、一同起立し、両家列席者全員で一斉に盃を飲み干します。
これで両家の縁が親族として固まったことを意味します。

神前式のルール

●**友人の参列（△）**
基本的には親族のみ。神殿の広さや方針によっては、友人・知人の参列が許されているところも。

●**カメラ・ビデオ撮影（×）**
一般の神社だけでなく、ホテルに併設の神殿でも、挙式中の撮影は禁止の場合が多い。

神前式の一般的な流れ

1 入場（参殿）
斎主、巫女、新郎新婦、媒酌人、両親、親族の順で社殿まで進みます（参進《さんしん》）。

2 修祓《しゅばつ》の儀（おはらい）
斎主が、大麻《おおぬさ》を振っておはらいをします。

3 祝詞奏上《のりとそうじょう》
斎主が神前に２人が結婚することを申し上げ、永遠の幸せを祈ります。式中で最も重要な意味を持ちます。

4 三献の儀（三三九度）
夫婦が永遠の契りを交わします。３つの盃で９杯のお神酒を酌み交わします。

5 誓詞奏上《せいしそうじょう》
新郎新婦が誓いの言葉を読み上げます。

6 玉串奉奠《たまぐしほうてん》
新郎新婦が玉串を持ち、榊《さかき》の根元を神前に向けて捧げ、二拝二拍手一拝します。

7 指輪の交換
斎主が指輪を三方に載せて持ってきます。新郎、新婦の順に相手に指輪をはめます。

8 親族杯の儀
両家の親族そろってお神酒を交わします。

9 斎主のあいさつ
斎主が結婚の儀が滞りなく整ったことを報告し、祝福の言葉を述べます。

10 退場
巫女の誘導に従って退場します。

カリスマプランナーのうまくいくコツ&テクニック

神前式の衣装

神前式では、衣装が限定されていないので、洋装でも構いません。和装の場合でも、挙式は白無垢《しろむく》、披露宴は色打掛けと考えがちですが、色打掛けで挙式に臨んでも構わないのです。なお、白無垢の場合は、頭に綿帽子《わたぼうし》か角隠《つのかく》し、色打掛けの場合は角隠しを合わせます。ウエディングドレスの場合は、肌の露出はなるべく抑えたものにし、神殿内があまり広くないときは、裾が広がったデザインを避けましょう。

挙式スタイル③ 人前式《じんぜんしき》

日本の家婚式にルーツのある挙式スタイルです。宗教にこだわらず、列席者全員に立会人になってもらえるので、近年注目を集めています。

オリジナリティーを大切にしたい人に

儀式の内容が決められている神前式やキリスト教式と違い、人前式には特定のスタイルがありません。式次第（式の流れ）も、自分たちで自由に考えて構いません。二人らしさが溢れたものを作るといいでしょう。

ただし、一歩間違うとお手軽な印象を与えてしまうので、オリジナリティーを出しながらも、演出重視にならないように気を付けましょう。司式者はいないので、司会者の進行がポイントです。

誓いの言葉も二人らしいものを

自分たちの言葉で、列席者の前で結婚の誓いをするのが、人前式の最大の特徴です。新郎新婦が読み上げる宣誓文は、二人らしさが溢れたものがよいでしょう。

二人で考えた文章は、奇麗な紙に清書して、きちんと読み合わせをしたうえで挙式に臨みます。また、宣誓の部分をより印象的にするような演出も考えたいものです。司会者やプランナーにも相談し、自分たちらしい演出にしましょう。

新郎新婦

承認と証人

人前式の特筆すべき点は、列席者全員が、２人の結婚の証人になってくれるということです。

多くの人に承認してもらうということは、将来起こるかもしれない２人の試練を乗り越えるための大きな助けになります。

両親

親の立ち位置は？

子どもたちが人前式を選ぶということは、宗教にとらわれず自分たちらしいアットホームな挙式にしたいと考えているからです。

親はなるべく理解を示し、あまり口出しをせず、見守る気持ちでいるようにしましょう。

6～3ヵ月前

人前式のルール

●友人の参列（○）
ルールがないのが、人前式の特徴。式を行う場所も、ホテル、レストラン、船上などどこでもOK。

●写真・ビデオ撮影（○）
神前式やキリスト教式では禁止されていることの多いカメラやビデオの撮影も、自由に行えます。

人前式の一般的な流れ

1 新郎新婦入場
2人一緒でも、それぞれの両親と入場してもOK。入場の仕方にも工夫を。

2 開式のあいさつ
司会者が開式の辞を述べます。人前式の意味合いを説明してもいいでしょう。

3 誓いの言葉
新郎新婦が宣誓文を読み上げます。声は大きくはっきりと。

4 指輪の交換・誓いのキス
指輪を載せたリングピローを、誰に運んできてもらうかも演出の一つ。親族の子どもなどが一般的ですが、2人のキューピッド役の人にお願いしても。

5 結婚証明書に署名
新郎新婦に続いて、立会人代表が署名します。

6 結婚の承認宣言
結婚証明書を掲げ、参列者に披露します。2人の結婚が成立したことを宣言します。

7 閉式のあいさつ
司会者が閉式の辞を述べます。

8 新郎新婦退場

誓いの言葉文例

（新郎）私、○○　○○と、
（新婦）私、○○　○○は、
（2人で）本日、皆様立ち会いのもと、
結婚いたします。これからは互いに助け合いながら、温かい家庭を築いていくことを誓います。

（新郎）平成○年○月○日　　○○ ○○
（新婦）　　　　　　　　　　○○ ○○

挙式スタイル④

仏前式《ぶつぜん》

仏前で夫婦の誓いをして祖先に報告し、その因縁を仏に感謝するのが仏前式の結婚式です。仏教の教えに従って仏の前で来世までの結びつきを誓う宗教色の強いスタイルです。

6～3ヵ月前

会場探しは早めに。宗派の信徒である必要も

仏前式を行うのは少数派というのが実情です。そのため挙式の会場選びなどでかなりの制約があります。菩提寺など、縁のあるお寺で挙式するのが通常ですが、一般の式場などを挙式の会場として希望する場合には、その式場が仏前式の対応をしているかどうか、事前に十分確認しておきましょう。

また、宗派による違いもあるので新郎新婦二人だけで押し進めるのは難しいかもしれません。両家でよく話し合うことが大切です。

宗教的な意味合いの強い仏教式

あまり多くはありませんが、由緒ある有名寺院で挙げる仏前式も挙式スタイルの一つです。

雅楽の鳴り響く中で荘厳に行われる仏前式の結婚式は、歴史の重みが感じられます。

拝観だけでは感じられない、仏教の新たな一面も実感できるので、外国人との結婚式では仏前式を選択する人もいるようです。二人の新たな門出の儀式である結婚式では、日本の伝統を感じられるスタイルです。

新郎新婦

宗派の違いをどうする？

仏前式は、仏教を否定していなければ、檀家でなくても挙式できる場合と、新郎新婦のどちらかがその宗派の信徒でないと、挙式を受け付けてもらえない場合があります。また、新郎と新婦の宗派が異なる場合は、男性側の宗派に合わせることが多いようです。

両親

心に残る挙式

仏教の歴史や重みを感じられる仏前式の結婚式は、両親にとっても印象に残るものになるでしょう。先祖代々の菩提寺や縁のあるお寺などで行うのが一般的ですが、家庭の仏前や会場などを式場とすることもあるので、両親も準備には積極的に参加しましょう。

仏前式のルール

●友人の参列（△）

参列は親族が中心ですが、友人が参列可能なこともあります。

●写真・ビデオ撮影（△）

どちらも可能なところが多いようですが、お願いした僧侶や挙式担当者に確認しましょう。

仏前式の流れ（浄土真宗の一例）

1 入堂《にゅうどう》

仏前に向かって右に新郎側、左に新婦側の親族が並び、新郎新婦が媒酌人に付き添われ入堂、正面の壇前に進みます。結婚式を司る僧侶が入堂し、焼香。一同は合掌。

2 啓白文朗読《けいびゃくもんろうどく》

僧侶が仏前に向かい、結婚式を行うことを報告します。一同は起立。

3 念珠授与《ねんじゅじゅよ》

僧侶が仏前に供えた念珠の白い房を新郎に、赤い房を新婦に授け、新郎新婦はこれを両手で受け、左手の四指にかけます。念珠は式が終わるまで持っています。

4 誓いの言葉

僧侶の問いかけで、新郎新婦が仏前で結婚を誓います。この誓いにより僧侶は、結婚式の参列者一同に婚儀の成立を認める旨の言葉を朗読します。

5 新郎新婦が焼香

左手に念珠を下げ、新郎新婦の順に焼香し、合掌礼拝をします。

6 誓杯《せいはい》

神前式の「三三九度」に当たるもの。雅楽が奏でられる中、仏前式では、新婦･新郎･新婦の順で行います。

7 親族固めの杯

参列者一同で祝杯をあげます。

8 法話《ほうわ》

仏道に則り、お祝いの説話をします。

9 退堂《たいどう》

新郎新婦を先頭に、参列者一同退場します。

●仏前式の服装

新郎は黒紋付に羽織袴、新婦は白無垢が一般的ですが、列席者は和装でなくても構いません。また最近では、寺院のホームページなどにウエディングドレスを着た新婦の写真が掲載されるなど、ウエディングドレスでの仏前式も行われています。招待者が招待状を受け取った際、服装について悩むことのないよう、服装について和装である必要はない旨を一言添えるとよいでしょう。

挙式スタイル⑤

海外挙式

二人や両親、親しい人だけで行う海外挙式は、アットホームで開放的な雰囲気が好まれ、世界のあちらこちらで可能になりました。

申し込みは6カ月前くらいに旅行会社などへ

海外挙式に必要な日数や費用は、エリアによって異なりますがグアムやハワイなどは日数も短く、費用も比較的安く済むことから大変人気があります。

海外挙式の申し込みは、海外挙式専門のプロデュース会社や旅行会社にお願いするのが一般的です。航空チケットから挙式の手配、衣装やヘアメイクの相談にも乗ってくれます。申し込みは、挙式の6カ月前くらいまでに済ませるのがよいでしょう。

挙式スタイルは好みのものを選んで

海外挙式のスタイルは、キリスト教式、人前式、現地スタイルのいずれかになります。

現地スタイルとは、アジアや南太平洋などで行われるその土地特有の結婚式のことです。民族衣装の着用など、海外ウエディングならではの体験ができます。

なかにはリーガルウエディング（現地の法的効力のある式）が行えるところもあります。条件なども異なるので事前にしっかり確認をしましょう。

両親

費用の負担が大きくなることを念頭に

海外挙式の場合、同行者は自己負担が一般的です。親は、出席者の費用負担が大きくなることを念頭に子どもたちにアドバイスしましょう。
また、高齢者や地方空港利用者が参加しづらいことも考慮すべき点です。

新郎新婦

体調や天候に十分配慮すること

海外への渡航は、天候不良の場合、飛行機が欠航する可能性もあります。こういった事態もあらかじめ想定しておいて、挙式の日程や時間の振り替えができるか確認しておきましょう。時差や体調を考え、現地到着後、すぐの挙式も避けた方が無難です。

6～3ヵ月前

タイムスケジュール

1 1年～7カ月前・情報収集
挙式会場の日程確認や、ゲストの出欠を打診します。

2 6～4カ月前・申し込み
旅行会社などに申込金を払い、パスポートの用意をしておきましょう。

3 2カ月～1週間前・最終確認
最終確認。疑問や不安を解決して、手配会社に費用を全額支払います。

4 出発当日
パスポート、クレジットカード、現金など荷物の最終チェック。同行者との待ち合わせも確認をしておきましょう。

人気エリアの特徴

●ハワイ　時差 19 時間

♥メリット
リゾートウエディングの代表。日本語も通じ、両親も安心できる。

♠デメリット
人気が高く、日程、会場が重なりがち。

●オーストラリア　時差－1～＋1時間

♥メリット
時差が少なく、1日の挙式数も少ない。

♠デメリット
日本と季節が逆のため、体調管理が重要になる。

●ヨーロッパ方面　時差8時間(フランス)

♥メリット
歴史と文化に彩られた町並みは、ロマンチックな要素が多くある。

♠デメリット
リーガルウエディングは、そろえる書類が多く、国によっては大使館や領事館に行かなければならないこともある。

●バリ　時差 1 時間

♥メリット
比較的物価が安く、リーズナブルで豪華な式が可能。

♠デメリット
雨季と乾季があり、スコールが多いので天気が読みにくいところがある。

カリスマプランナーのうまくいくコツ&テクニック

ドレスとヘアメイクの準備

ドレスの入手方法は、日本でドレスを選び現地の支店で同じものをレンタルするか、日本でレンタルまたは購入したものを持参するというのがおすすめです。現地でもレンタルできますが、サイズがあるかが分からないので注意しましょう。ヘアメイクは、海外挙式を手配してくれた旅行会社やプロデュース会社にお願いするのが一般的。国内でのリハーサル写真などを持参すると、イメージが伝わりやすくなります。

披露宴会場はどうする？

披露宴会場は、結婚式場やホテルが一般的ですが、そのほかにもいろいろな場所があります。二人でよく話し合って、両家にとって一番ぴったりの会場を選びましょう。

6～3ヵ月前

披露宴スタイルを決めるポイントを押さえて

披露宴会場の代表的なものは、結婚式場やホテルですが、ゲストハウスやレストランを利用してオリジナル感を大切にした披露宴を選ぶ人も増えています。

披露宴のスタイルを決めておけば、必然的にそれにふさわしい会場ということになるので事前に決めておきましょう。披露宴スタイルを決めるポイントは、列席者の雰囲気（親族中心か、友人中心か）、列席者の人数（二部制にするかなど）、ご祝儀制か会費制かです。

二人のイメージを明確にして、理想の会場を

披露宴のスタイルを決めたら、会場選びに入ります。

自分たちの理想とする披露宴が行える会場を選ぶためには、それぞれのメリット、デメリットをきちんと押さえておきましょう。そうすれば、自分たちの譲れないポイントと照らし合わせつつ、会場を決定することができます。

譲歩できる点やこれだけはやりたいことなど、できる限り具体的に二人で話し合っておくとスムーズです。

両親

披露宴の主役はゲスト

披露宴会場を決める際、親が注意したい点は、会場選びが子どもたちの好みに偏っていないかということです。披露宴の主役は、あくまでゲスト。招待客に喜んでもらえる披露宴会場を選んでいるか、よく見守ってアドバイスをしましょう。

新郎新婦

大切なチェックポイント

招待客をどうもてなしたら喜んでもらえるかを主軸に披露宴のスタイルが決まったら、招待客の人数、年齢層、日取り、予算など、チェックするポイントを押さえて会場を選びましょう。
互いの両親の意見も取り入れるよう、両家でよく話し合いをしましょう。

披露宴会場選びのStep＊

Step 1 自分たちの理想を話し合う

2人がイメージしている披露宴をよく話し合って、理想を共通のものにしておきます。

Step 2 挙式を同じ会場でできるかどうか

挙式と披露宴会場は同じなのが一般的ですが、理想を実現するために違う会場になる場合も。条件をよく検討します。

Step 3 理想のスタイルと招待人数、予算、日取りなどのすり合わせ

自分たちの理想を実現するのも大切ですが、招待客に喜ばれるものになっているか、両親も交えて決定を。

披露宴のスタイルの特徴とメリット・デメリット

●着席スタイル

最もポピュラーなスタイル。

♥メリット
格式の高い雰囲気。落ち着いて過ごせる。

♠デメリット
ほかのテーブルの人と会話しづらい。

●立食ビュッフェ

バイキング形式。決まった席がなく自由に動ける。

♥メリット
大人数が収容でき、直前の人数変更にも対応できる。

♠デメリット
年配の人が多いと不向き。落ち着かず、仲間で固まってしまう。

●着席ビュッフェ

バイキング形式。席を決めても、自由にもできる。

♥メリット
自由に動けて、着席して食事ができる。

♠デメリット
自分で料理を取りに行くので、高齢者には配慮が必要。

●ガーデンパーティー

屋外で開催。立食が基本だが着席ができる場合も。

♥メリット
開放的で自由に動け、リラックスできる。

♠デメリット
季節や天候に左右される。

Q&A

Q 挙式と披露宴の会場は同じ方がいい？

A ホテルや結婚式場など、一般的には挙式と披露宴会場が同じ場合がほとんどです。こだわりがあっても、その挙式会場では理想の披露宴が行えないこともあります。また逆に、料理や設備が理想に近くても、併設の挙式場が好みではないと感じる場合も。自分たちにとって何が一番重要なのか、譲歩できるのかを見つけて決めていきましょう。

会場選び①　ホテル

結婚式場として一番ポピュラーなホテル。いろいろな要望に応えてくれる柔軟性と、交通の便がよいところ。そして誰もが知っているのが人気の理由です。

6～3ヵ月前

ホテルの特徴

●挙式場が併設されている
キリスト教式と神前式、どちらも選べるようチャペル・神殿が用意されています。

●格式を重んじる式
信頼感と格調の高さがあり、知名度のあるホテルは年齢問わず招待客にも人気です。

●宿泊できる
会場にそのまま宿泊でき、遠方からの招待客に対応できる点も人気の理由です。

♠デメリット1
費用と持ち込み料

知名度のあるホテルは、特に料金の設定がやや高め。また、外部から引き出物や衣装を持ち込む場合は、持ち込み料がかかることがあります。2人にこだわりがある場合は事前に確認し、予算と照らし合わせる必要があります。

♠デメリット2
吉日は込み合う

披露宴会場がいくつもあり人気があるため、吉日の土曜日などは結婚式が集中します。ロビーなどは大変込み合うので、高齢者や子ども連れの招待客には配慮が必要です。また、ほかの花嫁を見かけるというようなこともあります。

♥メリット1
設備が充実

ラウンジやロビー、駐車場など、招待客にとって安心できる設備が充実しているところがホテルの最大のメリットです。

♥メリット2
料理の幅が広い

和食、洋食、中華など、幅広いメニューの中から選ぶことができます。また、招待客のアレルギーなど、細かい注文にも柔軟に対応してくれるホスピタリティーは、やはりホテルならでは。料理の希望を、担当者やシェフに相談してみましょう。

6～3ヵ月前

会場選び② 専門式場

ホテルに次いで人気があるのが専門式場です。結婚式専門であるため、独自のノウハウと経験で培われた専任スタッフの接客術に、安心して任せることができます。

専門式場の特徴

●**結婚式のプロ**
日々２人の門出のお手伝いをしているスタッフは、いわば結婚式のプロ。安心して任せられます。

●**多彩なプラン**
専門の式場ならではのウエディングプランが用意されています。

●**進行がスムーズ**
挙式から披露宴まで、すべての施設が充実しているのでスムーズです。

♥メリット１
ロケーション

専門の式場では、日本庭園や広々としたガーデンを設けているところが多くあります。出席者全員での記念撮影用の際には、思い出に残るすてきな撮影ポイントを用意しているなど、細かいところまで配慮が行き届いています。

♥メリット２
オリジナルプラン

専門式場ならではの期間限定特典やオリジナルプランなど、２人の理想を形にしてくれる個性的なプランがたくさん用意されています。自分たちらしさも大事にしたいという欲張りな人には、特にお勧めです。

♠デメリット１
演出のパターン化

プランはたくさんあっても、ある程度演出のパターンは決められているので、特に際立った演出をしたいという個性派には物足りない場合も。ただし、多くの実績から練り上げられた演出なので、招待客の喜ぶツボは押さえているものばかりです。

♠デメリット２
吉日は予約が重なる

大安の土曜日などお日柄のよい日は、やはり人気が高く結婚式が重なることも多くあります。花嫁が擦れ違うようなこともあるので、慌ただしい雰囲気が嫌なら六輝にこだわらない方がいいでしょう。

会場選び③ レストラン

何といっても特別な料理を招待客に振る舞えるのが魅力です。招待客との距離もなく、アットホームな雰囲気の中、オリジナリティーのある式を挙げることができます。

6～3ヵ月前

レストランの特徴

●**式場を備えているところも**
特別な料理でおもてなしできるうえに、最近ではチャペルを備えたレストランもあり、よりスムーズな結婚式が可能です。

●**アットホームな結婚式を望む人に最適**
食事を楽しみながら、招待客との距離を気にせず、和やかなムードで行えます。

●**演出次第**
演出次第で、カジュアルにもフォーマルにもできます。また、結婚後に記念日などに食事に訪れることもできます。

♠デメリット1
設備不足のことも

披露宴の演出に、プロジェクターやスクリーンを使いたいときに、レストラン側に用意がなければ外部から借りるなど、自分たちで用意しなくてはなりません。また、招待客用の控え室などが十分に用意できない可能性もあります。そういった設備不足への対処法として、近くのホテルを利用するなど考える必要があります。

♠デメリット2
挙式のスタイルに制限が

挙式のスタイルは、基本的にはキリスト教式か、人前式の二択になります。中には、神前式ができるところもありますが、基本的には近くの神社を探して別に予約する必要があります。その場合、本人はもちろん親族や友人など挙式に出席してくれる人たちの、挙式会場からレストランまでの移動手段などを考慮しなくてはなりません。

♥メリット1
シェフ自慢の料理

招待客へのおもてなしポイントである料理に、とことんこだわりたい人には最適です。決まったコースメニューにはない、旬の食材を使った料理や、オリジナティー溢れるメニューを用意してくれます。シェフとの打ち合わせで2人の希望をきちんと伝えましょう。

♥メリット2
貸し切りで行える

レストランの規模にもよりますが、ホテルや結婚式場のように同じ時間帯で予約が重なるということは、あまりありません。よりアットホームな雰囲気にしたい場合は、貸し切りにしてしまうことも可能です。完全に自分たちだけの会場で、招待客もよりリラックスした状態で過ごせます。

会場選び④　ゲストハウス

自分たちらしさにこだわるなら、建物を貸し切って、自由に演出できるゲストハウスがお勧めです。自宅に招かれたようなリラックスした雰囲気で招待客に過ごしてもらえるのも特徴です。

6〜3ヵ月前

ゲストハウスの特徴

●貸し切りスタイル
一定の時間、豪華な邸宅など、一軒家を貸し切りで行うスタイル。最近は、ビル型で1フロア貸し切りスタイルも多い。

●使い方は自由
2人のオリジナルプランをかなえる理想的な環境です。

●自宅でもてなす雰囲気で
丸ごと一棟貸し切るので、自宅に招かれたような雰囲気で招待客が過ごせます。

♥メリット1
究極のオリジナル

どの空間をどんな風に演出して使うかなど、アレンジが豊富です。2人のオリジナリティー溢れる理想の披露宴を行うことができます。
ウエディングプランナーに依頼すれば、細かな演出やそれに必要な手配もしてくれます。

♥メリット2
招待客も自由

建物を貸し切るわけですから、招待客にとってもくつろぐことができ、自宅に招かれたようなリラックスした雰囲気の中、新郎新婦のもてなしを受けることができます。招待客同士の交流もしやすく、両親は子どもたちの友人や知人とよりカジュアルに会話できます。

♠デメリット1
費用が割高

ガーデンや貸し切りの空間があるため、さまざまな演出が可能な分、装飾、演出の費用が割高になってしまうことがあります。

♠デメリット2
親の理解を得るのが難しい

ゲストハウスウエディングは、両親など親世代の認知度が低く、理解してもらうのが難しいという場合も。2人にこのゲストハウスで行いたいという強い希望があるのなら、両親に同行してもらい理解してもらえるよう、ウエディングプランナーなどにも協力してもらって話し合う必要があります。

プランナーとの上手な付き合い方

自分たちのこだわりや希望を形にしてくれるのが、ウエディングプランナーです。たくさんの選択肢がある結婚式は、迷うことが多いもの。そんなときの強い味方です。

6～3ヵ月前

ウエディングプランナーってどんな人？

ウエディングプランナーとは結婚式のプランを作り、二人の希望やこだわりを形にしてくれるプロデューサーのことです。

オリジナルウエディングを考えている人にとっては、結婚式当日まで二人の力になってくれる心強い味方です。

プランの選択に迷ったり、やりたい演出に必要なことを提示してくれるので、分からないことは何でも聞いてみましょう。

ウエディングプランナーはどこに依頼するの？

ウエディングプランナーの多くは、各会場や会場提携のウエディングプロデュース会社に所属しており、少数ですがフリーランスの人もいます。

所属している会社によって、海外ウエディングや、レストランウエディング、ハウスウエディングなど、それぞれ得意分野があるので、二人の希望の結婚式のイメージと得意分野が重なるように選びましょう。

新郎新婦

フリーランスプランナー

ウエディングプロデュース会社やウエディングプランナーは、情報誌やインターネットで探すのが一般的ですが、中には会場の紹介だけを行う斡旋（あっせん）業的なところもあります。友人の紹介など口コミの情報は大変役に立つので、相談してみるのもよいでしょう。

両親

親も頼れるプランナー

最近は、結婚式の選択の幅が広く、親としてもアドバイスが難しくなっているのが実状です。そんなとき、挙式披露宴の総合的な演出から二次会、海外ウエディングのプランまで、すべてを取りまとめてくれるプランナーは親にとっても助かる存在です。

プランナー活用のStep

Step 1 プランの選択に迷うとき
やりたいことが多すぎて、何を選べばいいのか分からない、2人だけでは手配できない場合などに相談する。

Step 2 イメージが決まらない
結婚式のイメージがまとまらない、決まらないとき、2人のパーソナリティーを引き出し、提案してくれます。

Step 3 イレギュラーな式をしたいとき
テーマパークや水族館など、一般的でない場所で式をしたい場合は、プロに任せた方が安心です。

Step 4 個性的なものを希望するとき
レストランやゲストハウスなどを利用した、オリジナリティーのあるものを望んでいる場合。

依頼の仕方

1 自分たちのイメージを実現してくれそうなプロデュース会社･会場をいくつか選びます。
↓
2 それぞれに自分たちの希望を伝え、見積もりを取ります。
↓
3 実際にスタッフと会い、過去に手掛けた結婚式の写真などを見せてもらいます。
↓
4 見積もり、スタッフの対応、センスを見比べ、1社に決定しましょう。
↓
5 正式に契約を交わします。

ウエディングプランナーがやってくれること

- 個人では予約が難しい場所を手配してくれます。
- イメージに合う会場や衣装店を探してくれます。
- 経験豊富なスタッフを派遣してくれます。
- 自分たちのイメージを実現するプランを提案してくれます。

ウエディングプランナーに依頼するときのポイント

♥依頼範囲を決めておく
挙式、披露宴からハネムーンまで、トータルで依頼するのか、披露宴の演出だけをお願いするのかなど、依頼内容を明確にしておきましょう。

♥料金システム
会社によって料金システムはまちまちです。定額設定や、総額の10～15%が一般的ですが、料金は最初に確認しておきましょう。

会場の見積もりをチェック

見積書のチェックは重要なポイントです。見積書の内容を比較して、挙式や披露宴のイメージをより明確なものにしましょう。最終的に予算をオーバーしないよう、しっかり確認を。

6～3ヵ月前

見積もりは項目ごとにチェックして

見積書は、項目ごとに細かくチェックしていくことが重要です。結婚式場などのプランを利用する場合でも、その見積もりに含まれている内容は会場によってさまざまです。

どの項目に何が含まれるのか、また逆に含まれないのかなど、よく確認して挙式や披露宴のイメージを明確にしていきましょう。省けるものやランクを上げた方がいいものなど、両親ともよく話し合いましょう。

希望日の仮予約を行う

気に入った会場は、希望日を逃さないために仮予約しておきます。仮予約は無料でキャンセル料もかかりません。会場によるので確認が必要ですが、1週間程度は検討期間として有効なのが一般的です。この間に二人でよく相談しましょう。

また、見積もり内容の見直しが必要な場合は、その旨を担当者に伝えて、最初の見積もりと比較するためにも再度作成してもらいましょう。

両親

4つのポイント

親がチェックするべき大切なポイントを押さえておきましょう。

- 本人たちの結婚資金はいくらか
- 経済力と結婚式の内容のバランス
- 親の援助、親族、友人からのご祝儀をどのくらいあてにしているか
- 式後、どのくらい貯金が残るか

新郎新婦

プラスの費用を考慮

ほとんどの場合、最初に取った見積もりよりも、金額がアップします。それは見積もりが（プランは特に）必要最低限のもので考えられていることが多いからです。プラスでかかってくる費用を考慮して、自分たちの予算に合った会場選びをしましょう。

見積書の見方・ポイント

招待客数82名（子ども2名含む）として算定した見積もりサンプルです。項目は挙式・披露宴の内容によって異なります。夫婦や家族は世帯一組でよい項目もあるため、数量も項目ごとに異なります。

見積書チェックポイント

パック料金にした場合、含まれるものと含まれないものを明確にしておくことがポイントです。

・項目内容
ドリンクの種類、レンタルドレスの小物など、必要なアイテムが入っているか。

・ランク
衣装や花、ケーキ、アルバムなどは、どのランクの金額なのか確認。
結婚証明書（人前式）

・固定費用
挙式費用、音響、花嫁介添えなど、基本的な項目は外すことができません。

・外注可能項目
司会者、衣装、ヘアメイク、引き出物など。持ち込みの可否と料金など。

・その他の費用
プチギフト

・オプション費用
生演奏、ビールサーブ、ビデオダビングなど

＊見積もりの平均増加額は70万円。まずは見積もりの見方を覚え、抜けている項目がないか、今後増えそうな項目はどれかなど事前に把握しましょう。最初の見積もりは、予算と気持ちにゆとりを持って確認しましょう。

	項目	単価	数量	金額
料理	料理	12,000	80	960,000
	飲み物	2,500	80	200,000
	子ども用料理	3,000	2	6,000
	生ケーキ	1,000	80	80,000
	会場使用料	100,000	1	100,000
	親族・来賓控室使用料	20,000	2	40,000
	小計 A			1,386,000
	サービス料（A×10%）			138,600
挙式	挙式料（教会式）	100,000	1	100,000
	フラワーシャワー代	8,000	1	8,000
	司会者	80,000	1	80,000
演出	音響照明使用料	25,000	1	25,000
	スクリーン使用料	20,000	1	20,000
	プロジェクター使用料	50,000	1	50,000
	ピアノ使用料	20,000	1	20,000
	キャンドルサービス	25,000	1	25,000
花	メインテーブル装花	80,000	1	80,000
	ゲストテーブル装花	8,000	8名がけ×10卓	80,000
	ウエディングケーキ装花	15,000	1	15,000
	ケーキカット用ナイフ装花	3,000	1	3,000
	メインキャンドル装花	15,000	1	15,000
	キャンドルトーチ装花	3,000	1	3,000
	ブーケ	30,000	1	30,000
	ブートニア	4,000	2	8,000
	ブーケトス用ブーケ	7,000	1	7,000
	贈呈用花束	7,000	2	14,000
美容	新婦衣装	200,000	1	200,000
	新郎衣装	50,000	1	50,000
	新婦介添え	15,000	1	15,000
	ヘアメイク・着付け	60,000	1	60,000
	ヘアメイクリハーサル	20,000	1	20,000
	列席者衣装	30,000	2	60,000
	列席者着付け代	15,000	2	30,000
印刷物	招待状一式	400	70	28,000
	席次表	600	80	48,000
	メニュー表	300	80	24,000
	席札	300	82	24,600
	筆耕料	200	70	14,000
	芳名帳	3,000	2	6,000
撮影	スナップ写真・アルバム	150,000	1	150,000
	集合写真	20,000	1	20,000
	記念撮影	15,000	2	30,000
	ビデオ撮影・DVD	150,000	1	150,000
引き出物	引き出物	3,000	70	210,000
	引き菓子	1,000	70	70,000
	紙袋	300	70	21,000
	小計 B			1,813,600
	中計（A＋B＋サービス料）			3,338,200
	消費税（5%）			166,910
	合計			3,505,110

会場の予約と打ち合わせ

会場の正式な予約は、遅くとも結婚式の６カ月前までには済ませます。理想とする結婚式のスタイルを実現するためのファーストステップです。慎重に行いましょう。

6～3ヵ月前

正式な予約は、親の了承を得てからに

二人で候補の中から会場を一つに絞ったら、まずは両家の親に了承を得ましょう。正式な予約が成立すると、その後はキャンセル料が発生します。親の同意が得られていない状況で正式予約に進むのは避けましょう。

正式予約には、一定の内金が必要になります。挙式・披露宴の費用の一部、一般的には10～20万円程度を支払います。ただし、金額は会場によって異なるので、事前にきちんと確認しておきましょう。

キャンセル料の設定も事前に確認

内金は、最終的には、必要な費用の支払総額から差し引かれることになるので安心してください。また、正式予約後のキャンセル料に当てられることもあります。予定日に近づくほどキャンセル料も上がっていくので、料金設定を事前に会場に確認しておきましょう。

正式な予約が済んだら、いよいよ結婚式の準備が本格的にスタート。会場側の担当者が決まり、この担当者と一緒に準備を進めていくことになります。

両親

会場決定は慎重に

子どもたちが、候補に挙げた中から最善と思われる会場に決定したら、正式な予約をする前に親はよくその内容を吟味して、本当に２人や両家にとってふさわしい会場か判断しましょう。気になることはきちんと解決してから話を進めるようにしましょう。

新郎新婦

雰囲気に流されないように

会場決定は、２人の結婚式が理想通りに行えるかの重要なポイントになります。本当にその会場でよいか決定してしまう前に、親に必ず相談し両家の了承を得るようにしましょう。２人の理想を実現するには、親の同意が不可欠です。

豆知識

会場の担当者との打ち合わせは、一般的に3～5回と限りがあります。2人にとって最高の結婚式を行うためには、その限られた時間で2人の希望を伝えなくてはなりません。打ち合わせを実りあるものにするために必要な準備をしておきましょう。

！決めておきたいPoint

最初の打ち合わせですぐに具体的な話に入れるように、2人で以下の点を話し合って整理しておきましょう。

- 結婚式の規模（招待客数・予算）
- 招待客の層（年齢や雰囲気など）
- どんな結婚式にしたいか
- どうしても譲れないことは何か

会場との打ち合わせの流れ

1 招待状の作成（3カ月前）
招待客リストを会場側に渡し、招待状をオーダーします。

2 料理・飲み物の決定（2カ月前）
試食して、料理のコースを決定します。そのほか特別なメニュー（アレルギーなど）が必要な場合はこの段階で相談します。

3 席次決定（1カ月前）
出欠の返事が届いたら、招待客人数を確定します。会場からテーブルレイアウトをもらい、席次を決めます。

4 装花の決定（1カ月前）
どこに、どのようなイメージの装花を配置するか担当者と相談し、決定します。

5 進行の打ち合わせ（2週間前）
披露宴のプログラムを確定させて、進行表を会場側に作ってもらいます。

カリスマプランナーのうまくいくコツ&テクニック

打ち合わせが行われる3カ月前まで何もしなくていい？

会場側との打ち合わせで、具体的な内容が話し合われ始めるのは、大体3カ月前です。でもこれを、「3カ月前になるまで何もしなくていい」と思ってしまうと大変なことに。打ち合わせはあくまで決まった事柄を伝え、手配などの確認をする場です。この3カ月前の打ち合わせが始まる前までに、ゲストリストを作成したり衣装を決めておくことが重要です。オリジナルのものをオーダーしたいなど、別途手配が必要なものがあれば、その手配などの準備を済ませておくことも必要です。

衣装選び①

マナー・試着のポイント

結婚式で、花嫁が最も力を入れて選ぶのは、ウエディングドレスや白無垢などの婚礼衣装です。自分に似合うものを選ぶのも大切ですが、最低限のマナーやしきたりを心得て選びましょう。

6～3ヵ月前

ドレス選びに必要な最低限のマナー

本来、挙式とは神聖なけじめの儀式。特に市街地の教会で式を挙げる場合、肌をさらすことはタブーとされています。大胆に肩や背中の開いたものは避けた方がよいでしょう。ウエディングドレスは長袖で足が隠れるぐらい丈のあるものが正式です。腕の出るデザインであれば、白の長手袋をするのが一般的です。

また、格式の高い挙式であれば、床まで届くロングベールを着用することが多くなります。

試着に行くときの準備とマナー

ウエディングドレスには、さまざまな種類があります。まずはじっくり情報を収集して、ショップ訪問は6～4カ月前を目安にします。また、会場によっては提携ショップがあったり持ち込みがNGの場合もあるので、会場に持ち込み条件を確認し、衣装探しを始めた方がスムーズです。

サイズが心配な人は自分のサイズの用意があるか、事前にお店に確認をしておくのもポイントです。

両親

率直なアドバイスを

本人から見えない部分をチェックして、率直なアドバイスをしてあげるようにしましょう。後ろ姿やシルエット、サイズは合っているかなど、親だからこそ言えることがあります。また、新郎とのバランスや会場の雰囲気など、トータルでふさわしいドレスかどうかも重要です。

新郎新婦

試着時の便利グッズ

ドレスの試着に行くとき、持っていくと便利なものをチェックしておきましょう。

- カメラ
- ストッキング
- 肩ひものない下着
- 髪留め
- 会場のパンフレット
- メモ帳
- 気に入ったドレスの写真の切り抜き

豆知識

下見に行くときは、母親や姉妹、女友達など女性に付いてきてもらい、2～3人で行くのがベストです。新郎と一緒に行くのもいろいろと楽しんで選ぶことができますが、やはりドレスに関しては女性の意見が一番。

また、お店の人のお勧めを断りづらいときなども女友達がいれば安心です。

必ず写真でチェックしよう

鏡に映った自分と、全身を写してもらった写真の自分とでは意外と印象が違うものです。後で比較して検討するためにも、下見には必ずカメラを持っていき、試着したドレスはショップの許可があれば撮っておきましょう。写真も、全身はもちろんですが後ろ姿や横からの角度も撮っておくと、参考になります。

試着までの流れ

1 会場のしきたりを確認

教会など由緒ある式場の場合、肌の露出がNGな会場もあります。事前に確認を。

2 試着には必ずカメラを持参

試着したドレスはショップの許可があればすべて写真に撮っておきます。自分の体形に合っているかなど、客観的に見ることができます。

3 ドレスだけを見ないように会場の雰囲気を考えて

会場の広さや雰囲気も考慮したドレス選びをしましょう。会場のパンフレットなどを持っていくと便利です。

カリスマプランナーのうまくいくコツ&テクニック

花嫁衣装の予算を決めておく

一生に一度の花嫁衣装なので、せっかくだから少しでもいいものをと考える方も多いドレス選び。しかし、結婚後も生活は続いていくのですから、結婚式費用全体のバランスを考えて、ドレスにかける金額をあらかじめ決めておきましょう。お色直しの回数にもよりますし、靴やアクセサリー、ブーケなど、ドレス以外にかかる費用もあります。トータルで費用を計算しておきましょう。

衣装選び②

ウエディングドレス

ウエディングドレスは金額ではなく、自分に似合うラインやディテールなどをしっかりとイメージしましょう。自分を最高に輝かせてくれる一枚がきっと見つかります。

ディテールやサイズ選びは念入りに

ドレスを美しく着こなすには、好みだけでなくサイズ選びやディテール（細部）が重要です。自分の体形にぴったり合ったものは、何よりも美しくあなたを輝かせてくれます。逆にあまりに余裕のないものや、生地がたるむようなものは、いくら自分の好みのデザインでも避けた方が無難です。

また、素材やネックライン、袖のデザインなど細かいディテールは、印象を大きく左右するので慎重に検討しましょう。

忘れがちな会場の雰囲気とのバランス

ドレスを選ぶ際、忘れがちなのが会場の雰囲気に合っているか、バランスは取れているかという点です。つい自分に似合っているかどうかに集中してしまいがちですが、ウエディングドレスは会場との調和が大切です。

レストランや狭い通路があるような会場で、裾の広過ぎるデザインでは動きにくくなりますし、何より調和が取れていません。式全体をイメージしたドレス選びをしましょう。

新郎新婦

体形維持を心掛けて

ドレスを選び始めてから式までは、少なくとも２～３カ月はかかります。その間に、試着したときとあまりに体形が変わってしまっては、せっかく選んだドレスが台なしに。当日だけでなく、一生、写真やＤＶＤなどで記録に残るものなので、油断せずに体形を維持するよう心掛けましょう。

両親

花嫁の気持ちを最優先に

ウエディングドレスは花嫁にとって一生に一度の大切なドレス。適切なアドバイスは必要ですが、自分たちの好みを押し付けることのないようにしましょう。特に義理の親の立場ならば、見守る姿勢でいましょう。アドバイスのつもりが、先方には断りにくい要求に聞こえることも。

６～３ヵ月前

会場別ウエディングドレス選びのポイント

●教会
なるべく控えめなデザインで、トレーン（引き裾）の長いものがよいでしょう。ボリュームのあるドレスに、ベールと手袋が一般的です。

●レストランウエディング
招待客と距離の近い会場なので、ボリュームを抑えたＡラインやスレンダーラインのドレスがおすすめです。その分、レースやビーズなど繊細なディテールが目を引きます。

●ホテル／ハウスウエディング
招待客数や会場の広さに合わせたドレス選びを。広い会場や階段でも映えるトレーンの長いものやボリュームのあるデザインも素敵です。

●海外ウエディング
日本から持ち込む場合は、しわにならずコンパクトに持ち運べるものを。レースやオーガンジー素材でトレーンのあまり長すぎないものがお勧めです。

代表的なウエディングドレスとおすすめの体形

プリンセスライン

ウエストからふんわりと広がるデザイン。下半身をカバーしてくれるので、ぽっちゃり体形にお勧め。

Ａライン

アルファベットのＡのような、裾に向かってやや広がったすっきりしたライン。どんな体形にも似合う万能ラインです。

ベルライン

スカートにギャザーが入る教会の釣り鐘のようなデザイン。体形も選ばず、より華やかな印象に。

マーメイドライン

トップから膝まではタイトで、膝から裾にかけてギャザーなどが入った人魚のようなシルエット。背が高くスリムな体形の人に。

スレンダーライン

体にフィットした、細くストレートな大人っぽい雰囲気のデザイン。背が高くスリムな人に。

ウエディングドレスの小物
ヘッドドレス
ティアラやカチューシャなど髪飾りの総称。
ベール
大まかに「ショート」「ミディアム」「ロング」があります。ドレスのデザインや会場に合わせて選びます。
アクセサリー
パールが一般的ですが、ドレスを引き立てるネックレスやイヤリングを。
ブーケ
白い花が基本です。ドレスのデザインと体型とのバランスをよく考えて。
手袋
主な素材はシルクやレースなど。素材や長さで印象が変わります。
靴
白が基本です。ドレスの共切れやエナメル、皮素材のものが一般的。

衣装選び③

カラードレス・マタニティードレス

6～3ヵ月前

カラードレスは、それぞれの色が持つイメージを考慮して決めましょう。マタニティードレスは、おめでた婚の増加とともに扱っているお店も増えてきました。

披露宴の時間帯を考えたドレス選びを

カラードレスは、多くの人がお色直しとして着用します。ドレスのシルエットも色も、自分に似合うものを選ぶのはもちろんのこと、披露宴のテーマや会場の雰囲気などに合わせることも忘れずに選びましょう。

スポットライトなのか自然光なのか、動線は広く取れるのか、狭いのかなども考慮したいポイントです。迷ったときはウエディングドレスと違うタイプのものを選ぶのもよいでしょう。

マタニティードレスは着心地を優先して

最近ではマタニティードレスを扱うお店も多く、デザインも豊富です。お腹の膨らみがなるべく目立たず、体に負担のかからないデザインを選ぶのがポイントです。

Aラインやプリンセスラインなど、ふんわりしたシルエットを選べばワンサイズ上のサイズで対応できる場合もありますが、素材に膨らみのあるものは、かえってお腹を目立たせてしまうことになるので気を付けましょう。着席したとき苦しくないかもチェックを。

新郎新婦

似合う色探し

パーソナルカラーを診断してもらって、ベストなカラーを選びましょう。肌や髪、目の色などで決まるパーソナルカラーは、普段の洋服選びにも役立ちます。好きな色と似合う色が違うことはよくあるので、カラー診断をしてくれるヘアーサロンやネイルサロンを探してみてもいいでしょう。

両親

最近の傾向

最近の結婚式では、お色直しはしないか１回のみというカップルが増えてきました。お色直しのために何度も中座するよりも、招待客とできるだけ一緒に楽しみたいと考える人が多いようです。親もなるべく子どもたちの希望に沿うよう、自分たちの見栄や意見は控えるようにしましょう。

カラー選びのポイント

♥ピンク

日本人の肌色によく合い、一番人気のあるピンクは、華やかで可憐（かれん）な印象です。ただし、膨張色なので体形が気になる人は注意が必要です。

♥ブルー

淡く清楚（せいそ）な印象のペールブルーは、世代を問わず人気があります。ただし、濃いブルーは暗い印象にならないよう気をつけましょう。

♥イエロー

どんな肌色にも合うイエロー。鮮やかなものは明るく活発なイメージに、淡いものは上品で柔らかいイメージになります。

♥グリーン

色の幅が広く、日本人の肌色によくなじみます。深いグリーンは、秋冬に似合う落ち着いたイメージ。暗くならないように小物で華やかに。

ドレスの素材の特徴

●サテン

光沢がある素材で、ドレスにはよく使われます。中でもシルクサテンは、なめらかな手触りと張りが、気品と品格を感じさせます。

●シャンタン

光沢を抑えた、落ち着いた印象の生地。シックな仕上がりは、クラシカルなデザインのドレスによく合います。

●タフタ

シルクの平織りで、色は上品なオフホワイトが一般的。独特な光沢と張りがあるので、豪華な印象を与えます。

●レース

レースには、さまざまな種類があります。細かい細工は、シンプルなドレスに華やかさと存在感を与えます。

●チュール

細かい網目状の布地。ベールによく使用されます。軽やかでしわになりにくいので、ほかの布地と重ねるとボリュームがでます。

●ジョーゼット

控えめな光沢と、柔らかな手触りが特徴。膨らみのある奇麗なドレープが出るので、マーメイドやスレンダーラインなどによく合います。

マタニティードレスの選び方

背中

お腹の膨らみ具合に合わせられるように、背中の生地が伸縮する編み上げやシャーリングなどが施されたデザインを。

ブーケ

ブーケはボリュームのあるものを選んで、さりげなくお腹の膨らみをカバーします。

胸元

妊娠するとバストに張りが出るので、ドレスには適した形になります。ただし、サイズが変わりやすいので、ある程度、幅を持たせたサイズ選びを。

靴

通常は丈に合わせてヒールの高い靴にすることが多いのですが、安全のためにもあまり無理のない高さのものを選びましょう。

インナー

専用のマタニティーインナーを準備しておきましょう。お腹を締めつけず安心ですし、お腹を下から支えるものが多いので、姿勢も保てます。

衣装選び④

ブーケ・ヘアメイク

ドレスとコーディネートするブーケや、ヘアメイクに使う小物も重要なポイントです。全体のバランスと、自分の理想をしっかりとイメージして選びましょう。

6〜3ヵ月前

ブーケ選びはドレスとのバランスが重要

挙式のときは白いブーケが基本なので、披露宴などでカラードレスを着る場合は、別に用意する人が多いようです。形や大きさ、色の組み合わせなどたくさんの種類があるので、着用するドレスの写真を見ながら、バランスを考えたブーケを選びましょう。

また、数年間は生花のような美しさが保てる、プリザーブドフラワーにしてもよいでしょう。数カ月前から作っておくこともできます。

ドレスに合わせたヘアメイクを

ドレスをレンタルする場合など、小物がセットで付くこともありますが、イメージと違えば別のものを用意しても構いません。早めにドレスを決定しておけば、じっくりと小物探しができます。ヘッドドレスやベールは印象を左右する重要なアイテム。種類もたくさんあるので、髪型と合わせて選びましょう。

髪のケアも重要です。ダメージがあるようなら、早めにケアをしておきましょう。

両親

母親がチェック!

新婦が意外に気付かないのが、花の格。ブーケと会場の装花のバランスは重要です。母親が必ずチェックしてあげるようにしましょう。会場の装花が豪華なランなのに、ブーケが野の花といったことのないように注意します。会場の装花と同格か、ブーケをやや格上にするのがポイントです。

新郎新婦

婚礼用の下着の準備

婚礼衣装をレンタルする場合でも、下着は自分で用意します。一般的には、ドレスの場合はブライダルインナーとストッキング。和装の場合は肌着、裾除け、白足袋など。新郎は、洋装では靴下と白無地のTシャツ、和装では白足袋、半袖肌着、ズボン下などです。

豆知識

サムシングフォーというジンクス

サムシングフォーとは欧米のジンクス。花嫁が式当日に、①ニュー（新しいもの）、②オールド（古いもの）、③ブルー（青いもの）、④ボロー（借りたもの）の４つを身につけると必ず幸せになれるというおまじないです。

ブーケの由来

男性が野の花を摘んで、求愛の印にプレゼントしたのがブーケの由来です。そして、その求愛を受け入れて花の一輪を返したのがブートニアの由来。ですから、ブーケとブートニアは同じ花を使うのが決まりです。新婦がお色直しなどでブーケを変えたら、ブートニアも合わせて変えましょう。

ブーケの種類

キャスケード

流れる滝をイメージした逆三角形の優雅なラインのブーケ。クラシカル or スタンダードなドレスとよく合います。

オーバル

楕円形にまとめたボリューム感のあるブーケ。どんなドレスにも合います。

ラウンド

丸く愛らしい形のブーケ。華やかでどんなドレスとも相性がよい形です。

クレッセント

左右非対称な三日月形が、やや個性的なデザイン。上品で大人っぽい雰囲気になります。

クラッチ

野の花を摘んで束ねたような可憐で柔らかいイメージのブーケ。カジュアルな雰囲気のドレスに合います。

バッグスタイル

かごに入った状態のブーケ。バッグのように腕にかけて持ちます。ミニドレスなどに。

ヘッドドレスの種類

ボンネ

小さな帽子状の飾りのこと。楕円形の布タイプが定番です。ビーズや羽を使ったものも。まとめ髪によく合います。

ティアラ

フロントに飾りが付いた最も人気のあるタイプ。大きめよりも小さめのものがバランスが取りやすくお勧めです。

クラウン

王冠。直径約 10cm 前後の小ぶりなものが主流です。頭の上に軽く載せるとキュートな印象に。

フラワー

生花を使った髪飾り。花材はブーケとそろえるとおしゃれ。可憐なイメージになります。

ラリエット

留め金のない長いネックレス風のもので、頭に巻いたり、髪に編み込んだりと自由にアレンジできます。

カチューシャ

普段でも使う人が多いので、種類もたくさんあります。ヘアスタイルも選ばないので取り入れやすいのも魅力。

衣装選び⑤

和装スタイル

日本の伝統的な和装スタイルにもいくつか種類があります。親や親族、友人など着物に詳しい人と一緒に衣装選びに行くとよいでしょう。

和装にもさまざまなスタイルがある

和装にも「白無垢《しろむく》」「色打掛《いろうちかけ》」「引《ひ》き振袖《ふりそで》」「本振袖《ほんふりそで》」などいろいろな種類があります。

挙式で白無垢を着て、披露宴に色打掛で登場し、お色直しにウエディングドレスを着るというのもお勧めです。お色直しに着物を選ぶ場合は、引き振袖か本振袖が人気。ウエディングドレスから着物へのお色直しは、メイクや着付けに時間がかかり料金も割高になるので、事前に確認しておきましょう。

和装を自分らしく着こなすのも人気

小物まで白で統一された白無垢や、金箔や刺しゅうの施された華やかな色打掛はいずれも格調が高く豪華ですが、着慣れないためには敬遠されがちです。

また、和装を自分らしく着こなすのも人気で、かつらを使用せずに地髪で現代風にヘアスタイルをアレンジする人もいます。スピーディーに着替えられるツーピースタイプの振袖など、新婦のさまざまな要望をかなえるスタイルもあります。

新郎新婦

試着の際の注意点

和装の試着の際に気をつけたいのが、当日の服装。洋服の上から振袖を羽織るので、首の詰まった服装は避けましょう。また、和装にはさまざまな決まりごとがあるので、着物に詳しい人と試着に行くのがベストです。色や織り、柄など細かくチェックしてもらいましょう。

両親

事前に写真撮影するのも

婚礼衣装を選ぶとき和装も候補には挙がりやすくなっていますが、ドレスが主流なのは事実。白無垢を着てほしかったなど親の希望もあるでしょうが、一番は新婦の気持ちです。諦めきれないときは衣装だけの記念撮影を勧めてみては。一緒に正装して撮ればよい記念になります。

6～3ヵ月前

和装選びのStep*

Step 1

和装のタイプを検討する

白無垢、色打掛、引き振袖、さまざまな種類があるので、会場や式場の雰囲気に合わせた和装を選びます。

Step 2

試着の際は、詳しい人と

和装には決まりごとがあります。試着に行くときは、新郎と行くより母親や親族、友人などで着物に詳しい人と行くようにしましょう。

Step 3

後ろ姿や全体の柄もチェック

試着したら、後ろ姿など同行者にチェックしてもらうのはもちろんですが、写真に撮って必ず自分でも確認するようにしましょう。

和装スタイル

白無垢

白い掛け下に白い打掛を羽織り、小物から下着まですべてを白で統一したスタイル。「婚家の色に染まる」という意味もあります。挙式で角隠しか綿帽子で頭を隠し、披露宴で外します。

引き振袖

裾を引きずる振袖のこと。最近では武家の婚礼衣装として着用されていた黒引き振袖が人気です。凛（りん）とした中にも華やかさがあります。

本振袖

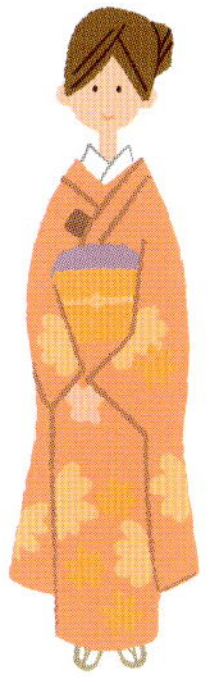

袖丈が長めの振袖のこと。裾を引かないので動きやすく、お色直しに選ぶ人が多いようです。華やかで可憐な印象。

カリスマプランナーのうまくいくコツ&テクニック

かつら選びのポイント

普段かぶることのない和装のかつらは、選ぶときにも注意が必要です。ポイントは「顔とのバランス」と「フィット感」。まずは「サイズがきつくないか、ゆるくないか」をチェックします。顔の輪郭とびん（耳際の髪）のカーブのバランスがよいと小顔効果も。びんの長さは、びんの下から少し耳が見えるくらいが美しいとされています。顔の小さい人は短め、顔の大きい人、面長な人は長めを選ぶとバランスが取りやすくなります。そして簪（かんざし）と笄（こうがい）選び。着物の柄や色に合うものを選びましょう。なお、かつら合わせは式の１カ月前までには済ませましょう。

衣装選び⑥

和装の小物とヘアメイク

和装の小物にもさまざまな種類があります。普段使わないだけに見慣れないものも多くあるので、必要なものを事前に確認しておきましょう。

長時間かぶるかつら選びは慎重に

最近では、引き振袖などでかつらをかぶらないタイプの装いも増えてはいますが、伝統的な挙式では、文金高島田《ぶんきんたかしまだ》（婚礼時の和装に用いる髪型）のかつらと角隠しか綿帽子をかぶるのが基本です。

かつらは、自分の顔に合うものを選ぶのはもちろんですが、頭にフィットして、なるべく軽いものを選ぶのがポイントです。長時間かぶるものなので、少しでも試着時に気になることがあれば我慢せずに申し出ましょう。

自分で用意する下着などの準備も忘れずに

和装のレンタルの場合は、小物は含まれていることがほとんどですが、直接肌につける下着などは自分で用意します。用意するものをきちんと確認して、早めに手配しておきましょう。一般的には、肌襦袢《はだじゅばん》、裾除《すそよ》け、腰ひも、伊達締《だてじ》め、帯板《おびいた》、帯枕《おびまくら》、白足袋《しろたび》などを準備します。屋外へ出る場合は、白足袋などが汚れたときのことも考えて、予備もあると安心です。冬場の婚礼なら防寒効果のある和装用ストッキングもお勧めです。

両親

親も一緒に準備チェック

洋装と違って、和装小物は見慣れないものが多く、何を準備すればいいのか新婦には分からないことがたくさんあります。親が一緒に準備を手伝ってあげましょう。着物の着付けなどに詳しい知り合いに尋ねるとよいでしょう。子どもに代わってアドバイスを聞いておくと役に立ちます。

新郎新婦

髪型の落とし穴

かつら合わせをした後で髪を切ったり、パーマをかけたりすると、かつらのサイズが合わなくなってしまう場合があります。式が終わるまでは、あまり大幅にヘアスタイルを変えることのないようにしましょう。かつら合わせは、式の1カ月くらい前に行うのが理想です。

6～3ヵ月前

和装小物の準備のStep＊

Step 1 必要な下着などの手配

下着や足袋など、自分で用意する必要のあるものを購入します。

Step 2 小物の意味を理解しておく

和装の小物には、一つひとついわれがあります。よく意味を理解しておくと、心構えも変わります。

Step 3 かつら選びは慎重に

かつら合わせの際は、立ち上がったり、お辞儀をするなどいろいろな動作で入念にチェックをしましょう。

かつら選びのポイントと髪飾り

1 フィット感

ゆるすぎたり、きつすぎたりしないかいろいろな姿勢でチェックしましょう。

2 びんとのバランス

びん（耳際の髪）と顔とのバランスをチェック。張りや長さ、幅が自分の顔に合っているかを確認しましょう。

髪飾り

角隠し

髪を覆う帯状の布で、角を隠して夫に仕えるという意味。本来は防寒帽なので、披露宴では外すのが正式ですが、最近は披露宴でもつけたいという人もいます。

綿帽子

婚礼の儀式が終わるまで、新郎以外に顔を見せないという意味で着用します。元々は、真綿でできた防寒用の帽子でした。式のときにつけ、披露宴では外すのが一般的。

簪《かんざし》・笄《こうがい》

どちらも髪に挿す装飾品で、種類はさまざまです。挙式と披露宴では付け替えるのが一般的。披露宴のときはより豪華なものを。

和装の小物

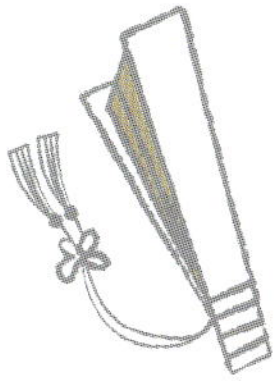

●末広《すえひろ》

祝い事によく使われる末広がりの形をした扇子。「末広がりに幸せに」の意味。新郎新婦ともに持ちます。

●筥迫《はこせこ》

おしろいや懐紙など化粧道具を入れる長方形の小箱。模様が少しだけ見えるように胸元に挿します。

●抱え帯

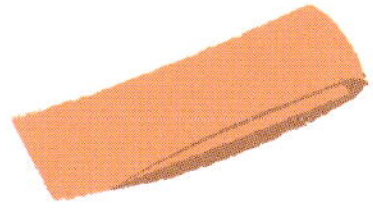

外出時に裾を上げるために使われていた名残で、帯の下に締めます。

●帯揚げ

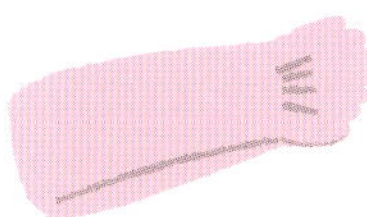

全体に絞りが入った総絞りのもので結び、帯の形を美しく見せます。

●懐剣《かいけん》

もともと打掛は武家の婚礼衣装。自分の身は自分で守るとの意味で、現在では短剣を入れていた布袋を帯に挿します。

衣装選び⑦

新郎の衣装

新郎の衣装選びは、新婦に合わせるのが基本です。また、洋装の場合は時間帯によって着用するものが違ってきます。事前に確認しておきましょう。

洋装では新婦が映える衣装選びを

新郎の衣装選びのポイントは、「新婦との調和」です。新婦のドレスのシルエットやボリューム感に合わせて、ジャケット丈や色のバランスなどを考え、トータルでつり合いよく見えるようにすることが大切です。

洋装の場合、新郎の正式なフォーマルウェアは、昼間ならモーニングコート、夜ならテールコートです。しかし最近では、昼夜問わずタキシードや、フロックコートの人気が高いようです。

新郎は最も格の高い五つ紋付き羽織袴を

新婦が和装の場合、新郎は最も格の高い五つ紋付き羽織袴《はおりはかま》が一般的です。小物はすべて白で統一し、五つ紋の付いた黒無地羽二重《くろむじはぶたえ》の羽織と長着に袴を着用します。一つ紋や三つ紋の羽織は格が下がるので、お色直しやパーティー用に。

新婦が洋装にお色直しをする場合は、新郎も合わせて洋装に替えるのが一般的です。試着のときは、ゆきの長さ、羽織の長さ、袴の長さをチェックし、上下のバランスもしっかりと確認しましょう。

新郎新婦

試着には新婦が同行を

試着には必ず新婦が同行するようにしましょう。肩のラインや後ろ姿など、本人では分かりにくいポイントを見てあげるようにします。また、袖丈やズボン丈が合っていないとせっかくの衣装も台なしですから、余裕をもって衣装選びに行きましょう。当日の靴を試着することも忘れずに。

両親

新婦側に任せて

新郎側の親としては、自分の子どもの当日の服装も気になるところですが、あまり口出しせず見守る姿勢でいるようにしましょう。結婚式当日はあくまで主役は新婦と心得て、新婦とのバランスが取れた衣装選びになっていれば大丈夫です。

6～3ヵ月前

衣装選びのポイント

[洋装]

1 ドレスコードに則った衣装選びを

男性のフォーマルウェアは、時間帯によって着用するものが違うなどルールがあります。きちんと確認しましょう。

2 レンタルできるもの

・ウィングカラーシャツ　・靴　・白手袋
・サスペンダー　・タイ　・ポケットチーフ
・アームバンド　・カフス

3 自分で用意するもの

・靴下　・ハンカチ　・Ｔシャツ（肌着）
・ズボン下（当日は意外と汗をかきます）

[和装]

1 新婦が和装なら合わせるのが基本

新婦が和装の場合、新郎は五つ紋付き羽織袴を着るのがバランスがよく、一般的です。

2 自分で用意するもの

・足袋（予備もあると安心）
・ズボン下
・肌着（UネックかVネックのもの）
・タオル（3～4枚）

洋装の種類

[昼用正礼装]

モーニングコート

上着の後ろ丈がひざまであり、前裾が斜めにカットされているのが特徴。ベストを着用し、黒とグレーのストライプのズボンをサスペンダーでつるします。アスコットタイかネクタイを。

フロックコート

丈が膝まであり、黒の上着にアスコットタイと黒とグレーのストライプのズボンを合わせるのが正式。ジャケットの丈が全体に長いので、背丈の高い人におすすめです。

[夜用正礼装]

テールコート

上着の後ろ丈がツバメの尾のように長い、燕尾服（えんびふく）と呼ばれる衣装。黒の上着に白のベスト、白の蝶ネクタイが正式です。

タキシード

カマーバンドかベストを着用し、１本のモール付きのズボンを着用します。ウィングカラーシャツに黒の蝶ネクタイが正式です。

和装の種類

五つ紋付き羽織袴

長襦袢（ながじゅばん）
白襟に白羽二重のものか、長着の下と同系色を。

羽織
黒無地羽二重五つ紋付きに、染め抜きひも五つ紋が入ったもの。白の羽織ひもで留めます。

長着（ながぎ）
染め抜き五つ紋付きの黒無地羽二重。グレーか茶の羽二重を合わせます。

角帯
グレーか茶の錦やつづれ織の角帯で、下腹の辺りで締めます。

袴
仙台平か博多平のひだのある袴。縦縞（たてじま）のあるものが正式です。

白扇
竹骨の白い扇を持ちます。

草履（ぞうり）
畳表のもの。鼻緒は白を選びます。

衣装選び⑧

家族の装い

家族の装いは、洋装にしても和装にしても、重要なのは新郎新婦と格を合わせることです。また、両家のバランスもよく考えて、事前によく相談しておくようにしましょう。

家族は控えめで品位のある服装を

挙式では、家族も主催者側になります。招待客をお迎えするのにふさわしい、品位のある服装を心掛けましょう。

また、新郎新婦よりも派手にならないよう気をつけながら、格を合わせることが重要です。特に兄弟姉妹は、より控えめな服装に。既婚者の場合は、両親とほぼ同じでも構いませんが、年齢が若い人や未婚者の場合は控えめな品格を保ちましょう。高校生以下の子どもは学校の制服が一般的です。

両親の装いは両家のバランスも重要

両親の装いは、新郎新婦と両家の格を合わせることが重要です。また、新郎が和装の場合、同じように父親も紋付を着ると、どうしても父親の方に風格が出てしまいます。そんなときは、父親は洋装にしても構いません。

母親が洋装の場合、ロングドレスが一般的ですが、シンプル過ぎると華やかさに欠けてしまうこともあるので注意。アクセサリーやコサージュで品位のある華やかさをプラスしましょう。

新郎新婦

家族にも気を配る

本人が一番準備に忙しいのは事実ですが、家族もそのために協力してくれているのですから、衣装選びなど手伝えることは積極的に気を配るようにしましょう。また、両家で格をそろえることが衣装選びの重要なポイントになるので、きちんと間に入って、仲を取り持つ努力をしましょう。

両親

母親の洋装注意点

母親が洋装の場合、肌を露出し過ぎないデザインを選ぶようにしましょう。また、靴はヒールの高過ぎないパンプスにして、ミュールなどは避けます。ヘアメイクは品のある華やかさを心掛け、派手過ぎないナチュラルメイクに。マニキュアも強い色は避け、上品に仕上げます。

3カ月前

父親の洋装

[昼用正礼装]

●モーニングコート

上着の後ろ丈が膝まであり、前裾が斜めにカットされているのが特徴。ベストを着用し、黒とグレーのストライプのズボンをサスペンダーでつるし、アスコットタイかネクタイを着用します。

[夜用正礼装]

●タキシード

カマーバンドかベストを着用し、1本のモール付きのズボンを着用します。ウィングカラーシャツに黒の蝶ネクタイが正式です。

[準礼装]

●ディレクターズスーツ

シングルかダブルの黒の上着に、シルバーグレーか白黒ストライプのネクタイをします。ズボンは黒とグレーのストライプを選びます。

[略礼装]

●ダークスーツ

仕立てのよい濃紺や濃いグレーのスーツ。上着がシングルのときはベストを着ます。
シルバーグレーか白黒ストライプのネクタイをします。

※いずれの礼装も靴は黒のプレーントーかストレートチップです。

父親の和装

●黒五つ紋付き羽織袴

父親の和装は、新郎と共通の黒五つ紋付き羽織袴が正礼装になります。羽織と長着は黒羽二重に五つ紋、小物はすべて白で統一します。

●袴の縞《しま》

和装は、新郎と共通の黒五つ紋付き羽織袴なので、区別はありませんが、年齢によって袴の縞の太さが違います。父親は新郎よりも縞が細めの袴にします。

●染め抜き日向紋

和装の格式は、紋の数で決まります。正礼装は五つ紋、準礼装は三つ紋や一つ紋です。五つ紋は、両胸、背の中央、両袖の後ろに入れます。また、紋は白抜きの日向紋が正式です。

基本ルール

親の衣装選びは以下の４つの基本ルールを守るようにしましょう。

- **新郎新婦と格をそろえる**
- **両家で格をそろえる**
- **新郎新婦より少し控えめに**
- **会場の雰囲気に合わせる**

母親の洋装

[昼用正礼装]

●アフタヌーンドレス

シルクなど高級感のある素材で、肌の露出の少ないミディかノーマル丈のワンピース。アクセサリーはパールが一般的です。バッグは小ぶりのサテン地など。

[夜用正礼装]

●イブニングドレス

袖がなく、胸や背中の開いたロングドレスに長手袋を合わせます。素材はシルクやベルベッドが一般的。ネックレスやイヤリングは光る宝石を合わせます。靴はゴールドやシルバーなど、ドレスに合わせたパンプスを。

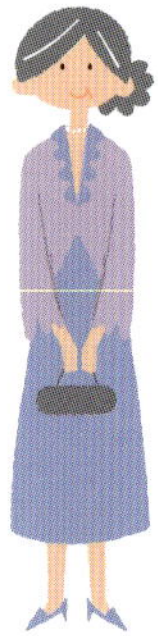

[昼用準礼装]

●セミアフタヌーンドレス

ノーマル丈のドレッシーなワンピースやツーピース。生地は高級感があればシルクにこだわらなくてもよいでしょう。アクセサリーは光を抑えたものを。

[夜用準礼装]

●セミイブニングドレス

丈はロングが基本ですが、セミロングやノーマル丈でも構いません。袖はあってもよく、ラメなど光沢のある生地を。アクセサリーは光のあるものを選びましょう。

母親の和装

[正礼装 1]

●黒留袖《とめそで》

一越縮緬（ひとこしちりめん）など黒地に裾模様がある、日向紋の染め抜き五つ紋で比翼仕立てのもの。帯は錦織や唐織の袋帯で金銀箔使いの吉祥文様のものを。草履は佐賀錦など布張りで、バッグとそろえるのが正式です。帯揚げは白の綸子（りんず）や縮緬、帯締めは白の丸ぐけや金銀の丸組。

[正礼装 2]

●色留袖

紋は染め抜き日向紋の五つ紋に。帯や小物は黒留袖に準じます。

[準礼装 1]

●紋付き色無地

染め抜き日向紋の三つ紋。地紋は吉祥などおめでたい柄を。半襟は白、長襦袢は白や着物と同系色の無地ぼかし。帯は袋帯、留袖と同格のものを。帯揚げ、帯締めは格調の高い組み合わせを。

[準礼装 2]

●紋付き訪問着

染め抜き日向紋の三つ紋。上品な吉祥文様や古典柄を。帯揚げ、帯締めや小物は帯とのバランスを考えて格調の高い組み合わせを。伊達襟をつけてもよいでしょう。

衣装代の目安

	レンタル	購入
紋付き羽織袴	1万～8万円	10万～100万円
モーニングコート	1万～6万円	5万～20万円
黒留袖	2万～10万円	10万～100万円
フォーマルドレス	2万～10万円	3万～20万円

兄弟姉妹・子どもの装い

[既婚者]

男性
ブラックスーツか
ディレクターズスーツ。

女性
和装なら五つ紋付き黒留袖。
洋装ならアフタヌーンドレス。

[未婚者]

男性
ブラックスーツかダークスーツ。

女性
和装なら振袖。
洋装なら上品なワンピースやスーツ。

[子ども]

学生
制服やダークスーツ、ワンピースなど。

幼児
ワンピースやドレスなど。

カリスマプランナーの
うまくいくコツ&テクニック

子どものフォーマル衣装

発表会など、結婚式以外にもほかに着用予定がある場合は別として、子どもはすぐに大きくなってしまうので、披露宴のための衣装をわざわざ新調するのも大変です。フラワーガールのお子さんの場合などは、レンタル品でもよいでしょう。結婚式場で用意しているところもありますし、七五三用の写真館などでも子ども用の衣装を用意しています。 男の子はスーツやタキシードなど、和装より洋装の方がくつろいで過ごせます。

平服の Point

友人知人が中心のカジュアルな披露宴や真夏の場合は、平服でOK。招待状にも「平服で」と断り書きを入れるようにします。ただし平服とは、普段着でよいという意味ではなく、「正礼装でなくてよい」という意味なので、略礼装になります。

結婚指輪を選ぶ

婚姻の証として結婚指輪を贈り合う習慣は、紀元前１世紀ごろの古代ローマが発祥といわれています。現在でも、結婚指輪は永遠の愛を誓い合う象徴といえます。

6～3ヵ月前

結婚指輪の傾向とデザイン選び

ペアで身につける結婚指輪は、デザインもほぼ一緒になります。お互い仕事中でも、違和感なく付けられるシンプルなデザインを選ぶようにしましょう。また、女性はエンゲージリングと重ねづけできるセットリングなども人気です。

仕上げ方法は、輝きを増すポリッシュや光沢を抑えるマットなど好みで。一般的に結婚指輪の内側には、日付と互いのイニシャルを刻みます。二人だけの言葉を刻む人もいます。

結婚指輪購入のポイント

一般的に結婚指輪は日常的に身につけるもの。邪魔にならず飽きのこないデザインを選びましょう。

また、結婚指輪とは、輪になって途切れない二人の永遠の愛を象徴するものなので、いつまでも大切に付けられるよう、よく話し合ってデザインを検討するようにしましょう。購入方法にもよりますが、フルオーダーになると、発注から受け取りまで約1～2カ月かかることもあるので、なるべく早めに準備しましょう。

新郎新婦

お店の選び方

結婚指輪を購入するときのポイントに、お店の対応も挙げられます。結婚指輪は一生身につけるものなので、購入時の対応だけでなく、将来的なサイズの直しができるかなど、アフターサービスのよいところで購入するようにしましょう。中には永久保証が付いているお店もあります。

両親

リメイクという選択

日本では最近始まった新しい習慣ですが、ヨーロッパなどでは親から子へと代々受け継ぐ宝石をファミリージュエリーと呼び、世代を超えて宝石を大切に引き継いでいく習慣があります。婚約指輪をリメイクにしたら、それに合わせた結婚指輪をオーダーするのも素敵です。

結婚指輪の購入方法

♥レディーメイド（既製品）

完成したものを実際に見て選べることが最大のメリット。ただし、サイズの微調整や取り寄せが必要な場合もあるので注意しましょう。

♥セミオーダー

既製品をある程度加工したり、石とアームを２人の好みで組み合わせる方法です。完成までは通常２週間～１カ月。

♥フルオーダー

デザイン画から、ジュエリーデザイナーと相談しながら制作するので、世界に一つだけの結婚指輪が作れます。ただし制作に時間がかかるので、遅くとも３カ月前には準備をしましょう。

♥リメイク

両親から受け継いだものや、２人の思い出の指輪など、手持ちの指輪をデザインし直す方法です。完成までは通常１カ月程度かかります。

カリスマプランナーのうまくいくコツ&テクニック

結婚指輪のいろいろ

最近では、結婚指輪にもいろいろと工夫を凝らしたものが増えてきています。一生身につけるものなのでシンプルであることは押さえつつ、プチダイヤ入りのものや、互いの誕生石などを内側にはめ込むシークレットストーンなどが人気です。その他にも、一般的に内側に刻印する日付とイニシャル以外に、２人だけのメッセージや、愛の言葉を入れる人もいます。２人でよく検討してデザインしましょう。

結婚指輪の予算は？

結婚指輪を選ぶ際、多くの人がデザインのよさを一番重視して購入するようですが、品質と価格も気になるところです。平均的な予算は、２人で21.5万円くらい。一生身につけるものですので、予算を踏まえて、２人で納得のいく指輪選びをしましょう。

美容スケジュールを立てる

結婚式は何といっても花嫁が主役です。晴れの日を最高のコンディションで迎えるためにも、早めの美容スケジュールで、さらに美しく輝くよう入念なお手入れをしておきましょう。

3〜1ヵ月前

プランは3カ月前から。普段の生活も見直して

肌の新陳代謝の周期は約28日です。挙式の直前になって慌ててケアを始めても効果はほとんど見込めません。3カ月前くらいから、お手入れの美容スケジュールを立てておきましょう。

また、外側からのケアも大切ですが、挙式当日へ向けて体調管理の意味も含め、早寝早起きを心掛けましょう。普段の生活から見直して、バランスのよい食事を取るなど内側からのケアもしていきましょう。

ブライダルエステとブライダルチェック

エステサロンの多くでは、新婦向けのブライダルエステのコースを用意しています。内容や料金はさまざまですので、よく確認して検討しましょう。基本的には、ボディーとフェイシャルを集中的にケアしてくれます。

また、結婚を控えた女性が受けるブライダルチェックも検討してみましょう。婦人科をはじめとした、主に内科の総合健診ですが、結婚式を万全の体調で迎えられ、その後の安心にもつながります。

新郎新婦

新郎もケアを！

新郎にとっても一生に一度の晴れ舞台。新婦だけではなく、新郎も奇麗にしておきたいものです。最近では、頭皮ケアやメンズシェービング、眉毛カットに肌ケアなど、新郎向けのメンズエステも充実しています。２人で一緒にエステを受けるのもお勧めです。

両親

体調管理のサポート

特に花嫁は、挙式前は何かと忙しい日々が続きます。母親がバランスの取れた食事を用意するなど、サポートできることはしてあげましょう。また、マリッジブルーと呼ばれる精神的な不安やストレスを感じる人もいます。親が支えとなれるよう、自然な気遣いを。

美容スケジュールを立てるStep*

Step 1 うぶ毛・むだ毛の処理

エステか自己処理になりますが、背中などはプロに任せた方が安心です。あまりぎりぎりに行うと肌荒れの可能性もあるので計画的に。

Step 2 リハーサルメイク

挙式のヘアメイク担当者に、当日のヘアスタイルとメイクのリハーサルをしてもらいます。使用する化粧品が肌に合うかの確認もしましょう。

Step 3 ポーズ・歩き方の練習

鏡を見ながら、ドレスを着たときの立ち居振る舞いの練習をしましょう。背筋を伸ばしエレガントな立ち姿と笑顔になるように。

Step 4 ネイルケア

結婚式の写真は、指輪を付けた手元のアップの写真も多いものです。指先まで手を抜かず、完璧に仕上げましょう。また、手袋の着脱がある場合には、チップなどの取れやすいものは避けましょう。

美容スケジュール

1 3カ月前

- バランスの取れた食事を心掛ける
- 早寝早起き、十分な睡眠を取る
- 「ブライダルエステ」スタート
- ヘアメイクの検討

2 1カ月前

- 膝、かかとの角質ケア
- 背中、腕などのむだ毛処理
- ヘアメイクリハーサル
- ヘアスタイルの相談

3 1週間前

- 理容室・シェービングサロンなどで顔や襟足のうぶ毛処理
- 身体全体の総チェック
- 背中、胸、首回りなど最終ケア

カリスマプランナーのうまくいくコツ&テクニック

素肌ケアは上半身を集中的に

一般的にウエディングドレスもカラードレスもロング丈が多いので、ドレスを着てしまえば下半身は隠れます。ブライダルケアは上半身を集中的に行うようにしましょう。特に襟足から背中にかけては自分で見えないだけに、念入りなお手入れが必要です。お金をかけるなら、こういった自分ではケアしづらい場所を重点的にしてもらうようにしましょう。また、ネイルケアはジェルネイルなど長期間奇麗に保てるものがあるので、早めにデザインの確認をして余裕を持って行うようにしましょう。

リストの作成と招待状の発送

披露宴では、どの程度の関係の人までを招待すればいいのか頭を悩ませるところです。会場の広さや予算に合わせて、両親も交え両家でよく話し合って決めましょう。

お互いに招待客リストを作って絞り込みを

招待客のリストは、会場を予約する際、割り出した大まかな数を参考に作っていきます。

まずは、絶対に外せない人（主賓、上司、恩師、親友など）をリストアップし、次に、できれば招待したい人と続けます。また、前提として親族を中心に招くのか、二人の友人を中心に招くのかを決めておくことも重要です。

招待客の数は新郎新婦でほぼ半々になるのが理想ですが、約2割の範囲内の差で調整しましょう。

招待状の送り方と余興などの依頼

招待客が絞り込めたら、招待状を送ります。その際に必ず事前に、結婚の報告も兼ねて、直接、披露宴に出席してほしい旨を伝えます。また、こうすることである程度の出席人数も把握することができます。

披露宴で、あいさつや余興を依頼する場合も、事前に丁寧にお願いをします。承諾を得られたら、改めて招待状に依頼の旨を記入したカードなどを、確認の意味で同封するようにしましょう。

両親

招待客のチェック

親族関係の招待客をリストアップする際、本人たちが普段ほとんど付き合いのない親族がいる場合も少なくありません。特にそのようなときは、注意が必要です。見落としがないか、親がきちんとリストを確認してあげるようにしましょう。

新郎新婦

発送の時期

招待状は、一般的に挙式披露宴の２カ月前には発送し、1カ月前には出欠の返事を受け取れるようにしましょう。それを踏まえて、招待客への直接の連絡や、招待状の作成準備を進めます。招待客側のスケジュールも考えて、なるべく早めの手配を心掛けましょう。

3〜2ヵ月前

豆知識

招待状の基本的な中身は、挙式披露宴の案内状（日時、場所、媒酌人の名前、返事の期限を明記）、返信はがき（宛名を書き、50円切手を貼る）、会場の地図（アクセスと駐車場の有無）、メッセージカード（あいさつや余興を依頼する場合は、こちらに記入）です。

招待状文例

謹啓
新緑が美しい季節になりました
皆様におかれましてはお健やかにお過ごしのこととお慶び申し上げます
このたび　私たちは結婚式を挙げることになりました
つきましては　ご報告かたがた末永いおつきあいをお願いしたく
心ばかりの祝宴を催したいと存じます
ご多用中誠に恐縮ではございますが
ぜひご臨席を賜りますよう
お願い申し上げます
敬具
平成○年５月○日吉日
○○ ○○（新郎氏名）
○○ ○○（新婦氏名）

※下線部は、実際の文面には記入しません。

カリスマプランナーのうまくいくコツ&テクニック

文面には句読点を使わない

結婚式の招待状やあいさつ状などの文面では、「、」や「。」といった句読点を使わない習わしがあります。句読点には「区切れる」「終わる」などの意味が込められていることから、これらが慶事にはふさわしくないとされているからです。スペースを空けたり改行を使って、文章を読みやすくする工夫をしましょう。

報告のStep*

Step 1 招待客を書き出して人数を調整する

親族・職場関係・友人に分けてリストアップします。会場、両家のバランスを考えて調整しましょう。

Step 2 招待したい人にはあらかじめ連絡を

招待状を送る前に結婚の報告も兼ねて、事前に直接出席のお願いをするようにします。

招待客絞り込みの注意点

♥会場の広さと予算を考慮して人数を割り出します。テーブルの配置などに工夫をして人数の調整をしましょう。

♥遠方の方を招く場合、宿泊費や交通費の負担も考慮しましょう。妊娠中や子どものいる人への配慮も必要です。

♥両家のバランスも重要です。ほぼ同数なのがベストですが、どちらか一方がどうしても多くなる場合は、よく話し合いましょう。

困らない席次の決め方

招待客に楽しい時間を過ごしてもらうためにも、席次には細心の注意を払いましょう。ある程度、席次を考えてから招待状を送るとスムーズです。

序列だけでなくそれぞれに配慮を

新郎新婦のメインテーブルに近い上座には主賓、次いで先輩、友人、親族、家族の順になります。一般的に、メインテーブルに向かって左側に新郎、右側に新婦の関係者を配置します。席次は互いの両親も交えて、慎重に検討しましょう。また、面識のある人が同じテーブルになるように調整します。知り合いのいない人は年齢や立場の近い人のそばにする、子ども連れは入口に近い場所になど、それぞれに配慮をしましょう。

特に気を付けたい席次のマナー

会社関係や得意先など、仕事関係の人の席次を決めるときは特に注意が必要です。職場の上司と取引先のどちらを上座にした方がよいかなどは、大変デリケートな部分になりますので、職場の先輩や既婚者にしっかりとアドバイスをもらうようにしましょう。

自分たちだけで勝手に判断するのは避けます。また、席次に記載する招待客の名前の漢字や敬称にも気を付けましょう。間違いやすい漢字などは事前に確認を。

両親

失礼のない配置を

席次は招いた人が心地よく楽しめるよう配置することが重要です。そのためにもルールが守られているか、親がよくチェックします。上座と下座の位置関係に配慮しているかは最も気を付けたいポイント。いくら子ども主導型の披露宴でも、席次に関しては礼を欠くことのないように。

新郎新婦

出欠の確認を取る

招待状の返信期限を過ぎたら、リストと照らし合わせてチェックしていきます。この時点で返事のない人へは、直接電話などで確認しましょう。こちらのミスで招待状が届いていなかった場合などは、非礼を丁寧に詫びてから、口頭で返事をもらった後に、改めて招待状を送ります。

3 ~2 ヵ月前

スタイル別 席次例（数字の若い方が上座）

ちらし型

最も一般的な座り方。テーブルの全員と話せるので、楽しい雰囲気が作りやすく、直前の人数の増減に対応しやすい利点も。

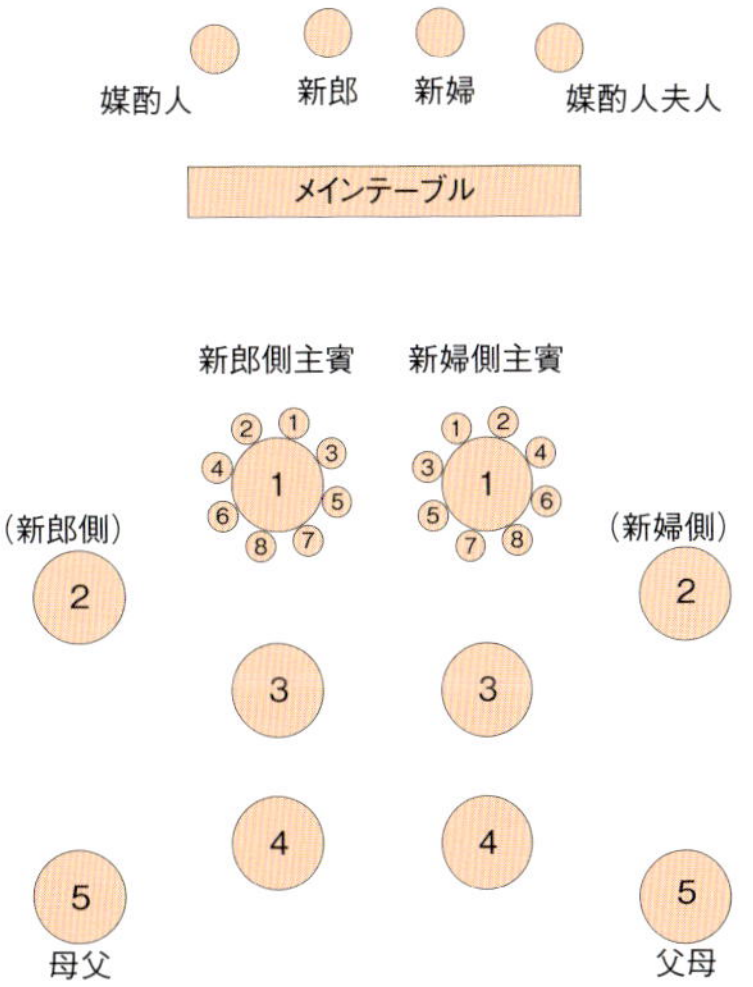

長テーブル型

メインテーブルに向かって長テーブルを配した座り方。格式高く、落ち着いた雰囲気に。招待客の多い披露宴向きです。

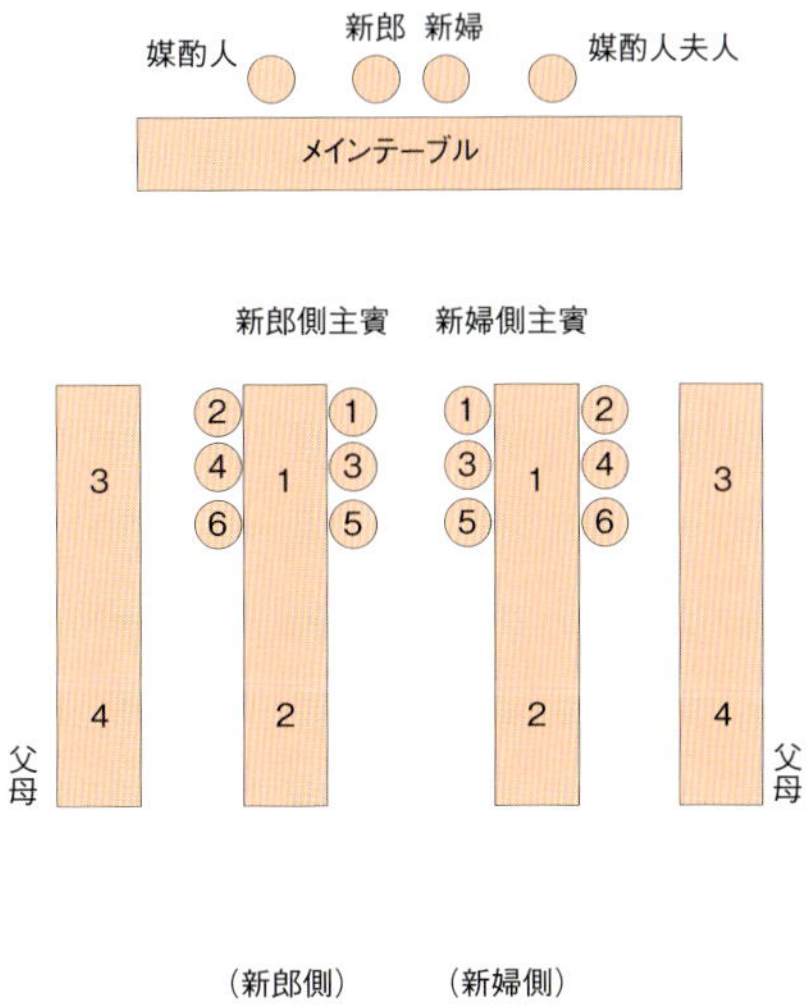

ウエディングロード型

ウエディングロードを会場の中心に設けた宴内人前式にも適した座り方。LED など照明に工夫すれば、足元も暗くなく安心です。

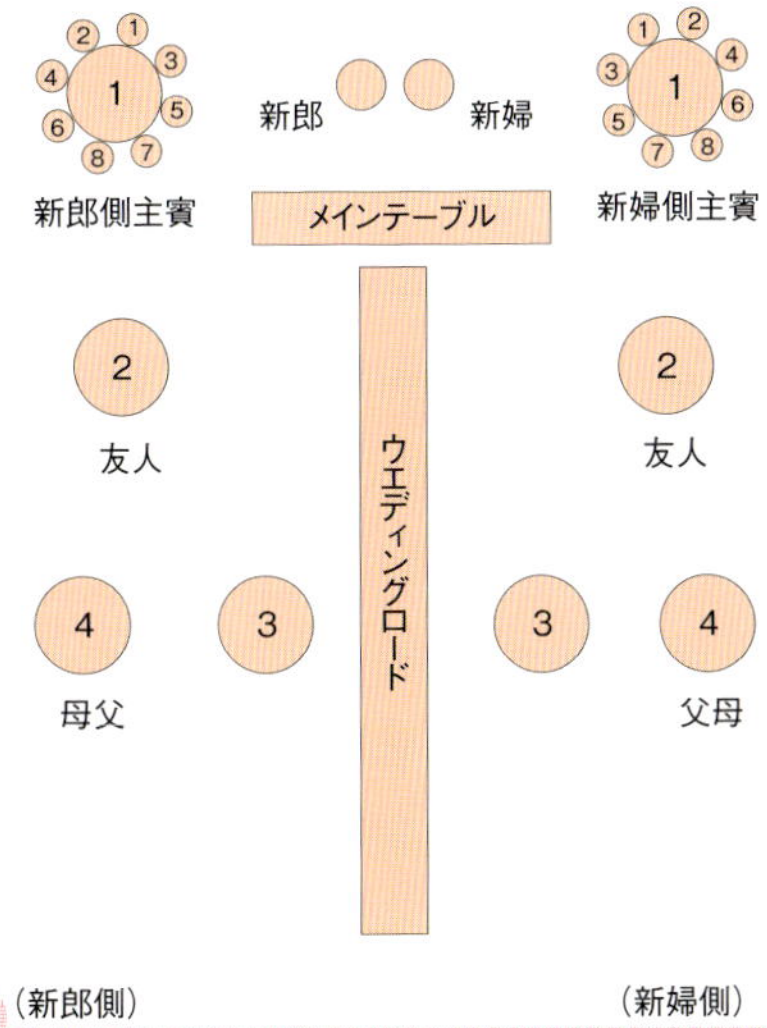

オーバル型

上座・下座のない座り方。少人数制のパーティーなどで多く見られます。新郎新婦を囲むような配置でアットホームな雰囲気に。

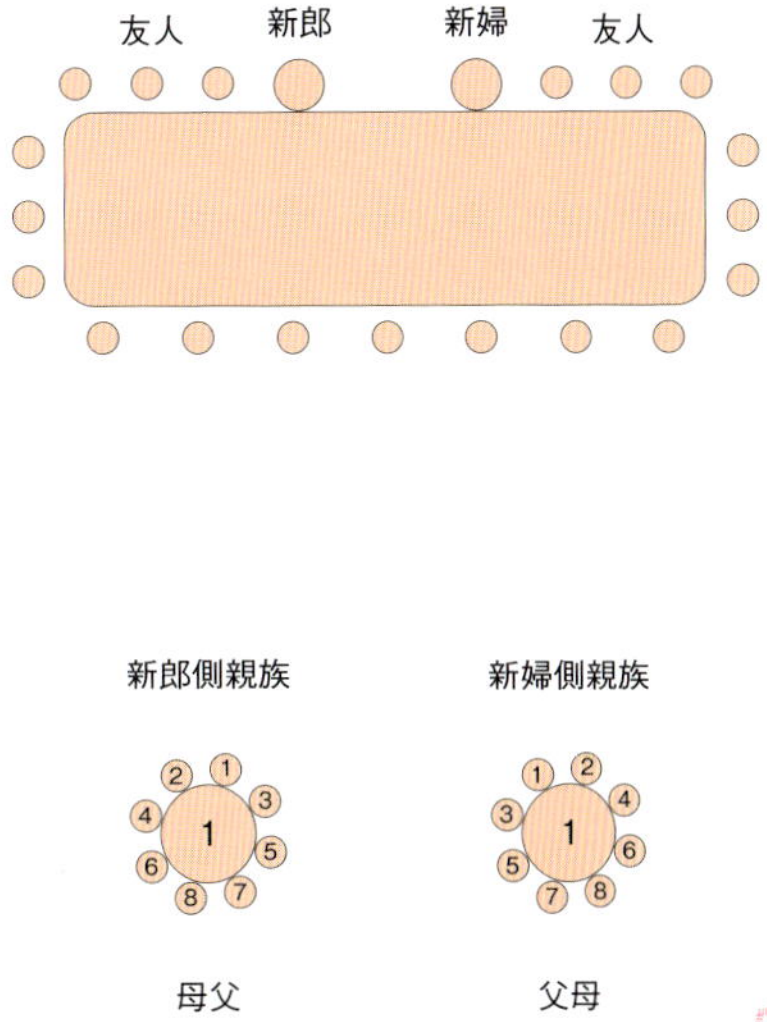

料理メニューの選び方

披露宴費用の中で、最も予算が大きく、招待客の披露宴への評価を左右するのが料理です。細かくチェックして慎重に決めるようにしましょう。

料理は必ず試食して自分の舌で確かめる

披露宴の料理は、招待客の満足度を大きく左右します。できれば、料理の予算を切り詰めるようなことのないようにしましょう。

一般的に会場には、料理に3～5段階のランクが用意されています。値段は、食材や産地、シェフの知名度などで変わるため、メニューを見ただけではなかなか分かりません。まずは二人で試食して、招待客にも喜んでもらえるものか、納得のいく料理を選ぶことが重要です。

招待客の事情を考慮してメニューを選ぶ

ここ数年は、フランス料理が主流ですが、年配の人には和食が根強い人気です。また、中華やイタリアン、創作料理をそろえたところもあり、豊富なメニューから選べます。招待客に喜んでもらえるものは何か、よく検討して決めましょう。

また、アレルギー対応や、子ども、高齢者向けに食材を小さくカットしてもらえるかなど、細かいリクエストに対応しているかも確認しておきましょう。

両親

きめ細かい配慮を

基本的には子どもたち主導で選びますが、親もきめ細かなアドバイスで、招待客全員に喜ばれるようなメニューになるよう配慮を。どんなメニューでも、季節感や素材の持ち味を生かした味付けになっているかなどのチェックをします。見た目の華やかさも大切です。

新郎新婦

招待客への小さな心遣い

招待客も着付けやヘアメイクなどで、披露宴まで慌ただしくしているものです。披露宴が始まるまでの間、控室などに気のきいたおもてなしを忘れないようにしましょう。カナッペなどの軽食と飲み物を用意しておくと、喜ばれます。

2～1カ月前

料理はここを確認

- 年齢層にかかわらず、招待客全員に喜ばれる内容か。
- 味付けに偏りがなく、見た目は華やかで美しいか。
- 予算内に収まるか。
- 品数・量は適当か。
- 季節感はあるか。
- アレルギーの人向け、子ども向けの特別メニューを用意してくれるか。
- 年配の人向けに、箸を用意してもらえるか、食べやすいサイズに切り分けて出してもらえるか。
- 塩分調整や低カロリーメニューなどの対応が可能か。

料理の特徴

和食
懐石料理が基本。格式を重んじる披露宴や、小規模な披露宴に。高齢者には特に喜ばれます。

洋食
フレンチのフルコースが主流ですが、イタリアンやビュッフェも人気です。あまり重くない味付けにすれば、高齢者にも喜ばれます。

中華料理
円形の食卓に大皿で出されるため、インパクトがあり個性的です。円卓を囲むので隣同士が打ち解けやすい利点も。ただし、会場スタッフが料理を取り分けてくれない場合もあるので、事前に確認を。

創作料理
洋食、和食といろいろな種類を織り交ぜた折衷スタイル。好みが偏らずにメニューを楽しめるので、招待客の年齢層が幅広い披露宴に向いています。

飲み物・デザートプラン

ウエルカムドリンク
披露宴前の招待客へのサービス。披露宴の飲み物とは別料金になる場合がほとんどなので、必要な場合は事前に確認を。

フリードリンク
飲み放題なら、量を気にすることなく楽しめます。ただし、フリードリンクの内容が決まっているので、それ以外のメニューを注文すると別料金になります。

生ケーキのウエディングケーキ
形だけのケーキカットではなく、生ケーキでケーキカットを行い、切り分けて招待客に振る舞う演出も人気です。

デザートビュッフェ
メイン料理はコースにして、デザートだけをビュッフェスタイルにするのも人気。ただし、会場によっては対応していない場合もあるので確認を。

引き出物を選ぶ

引き出物と引き菓子を、セットで渡すのが一般的です。

引き出物は、センスのいい品物を贈るようにしましょう。

引き出物は贈られる立場で選ぶ

引き出物は、披露宴に出席してもらったことへの感謝を込めて渡す招待客へのお土産です。自分たちの趣味を押し付けるようなことのないよう気をつけましょう。

引き出物選びのポイントは、軽くてかさ張らないもの、自分で買うほどではないが、もらうとうれしいもの、実用的なものなどです。

また、すべて同じものを用意するのが基本ですが、年齢層によって2～3種類用意するなどの工夫をすると喜ばれます。

金額の目安は飲食代の3分の1から半額

引き出物の金額の目安は、飲食代の3分の1から半額が目安になります。品数は、引き出物と一緒に渡す引き菓子と合わせて2～3品が一般的。ただし、地方によっては多品目の引き出物にしたり、折り詰めをプラスするなどの慣習があるので、二人だけで決めてしまわないようにしましょう。

また、会場以外で品物を手配する場合は、1点につき300～500円の「持ち込み料」がかかる場合があるので確認を。

両親

引き出物の地域性

両家の出身地が違う場合、引き出物の慣習が大きく異なることもよくあります。引き出物には、必ずかつお節を加える、品数は5品目にするなど、こだわりのある地域もあるので注意します。基本的には披露宴を行う地域の慣習に合わせますが、両家でよく話し合って決めましょう。

新郎新婦

贈り分けも考えよう

夫婦で披露宴に招待した場合などは、引き出物は1つですが、ご祝儀は2人分いただいています。このような場合にも合わせて、年齢やご祝儀の額などで2～3種類の引き出物を用意しておく、「贈り分け」も最近増えています。

引き出物費用の目安

- **引き出物**
  3000 ~ 5000 円
- **引き菓子**
  1000 ~ 2500 円
- **袋代**
  300 ~ 500 円
- **持ち込み料**
  300 ~ 500 円（1 品につき）
- **一人当たりの相場**
  5000 ~ 6000 円

豆知識

引き出物を会場が用意したものではなく、外部のショップで購入するこだわりのある人も多いようですが、持ち込み料がかかります。持ち込み料を負担してくれるショップもありますが、その分も予算に入れて選ぶようにしましょう。

引き出物ランキング

もらってうれしいランキング

♥ 1 位 カタログギフト

持ち帰りがかさ張らず、自分の好きなものを選べるので人気です。贈る方も見た目では変わらず、カタログの内容で金額を変えることができる利点が。

♥ 2 位 おいしいスイーツ

普段自分では買わない、リッチでスペシャルなスイーツは特に女性に人気があります。

♥ 3 位 食器類

最もスタンダードな引き出物。ブランド品やセンスのいい品には根強い人気があります。ティーカップは引き菓子との関連性もあってベスト。

もらって困ったランキング

♠ 1 位 名前入り記念品

新郎新婦の名前や写真がプリントされたような品は、使いづらく捨てるにも捨てられないと不評のようです。

♠ 2 位 食器類

重くて持ち帰りが大変なうえ、割れないか心配。個性が強いデザインで趣味と合わないなど、古典的ですが、センスが問われる意外に難しい品です。

♠ 3 位 カタログギフト

欲しいものがなかった、期限が過ぎてもらえなかった、2 人の思いが伝わらず味気ないなどという意見が多いようです。

カリスマプランナーのうまくいくコツ&テクニック

カタログギフトの長所と短所

ランキングにもあるように、カタログギフトは賛否両論。長所としては、かさ張らず楽に持ち帰られる、自分の好きなものを選べる、贈る方もいろいろと迷わずに済むなどがあげられますが、短所としては、欲しいものがない、新郎新婦の人柄が見えない、新郎新婦の個性が出せないなど、特に年配の人からの評判が高くありません。招待客の年齢層にも配慮して、長所短所をよく検討しましょう。

披露宴のプログラムを決める

披露宴で何をしたいかは、二人で事前によく話し合っておきましょう。すべてを一から考えるのは大変ですが、会場が用意したプログラムをベースにアレンジしても。

2～1ヵ月前

余裕を持って準備を。内容は3カ月前から考える

大まかな内容は、余裕を持って3カ月くらい前から考え始めるようにしましょう。会場側が用意しているプログラムをベースに、自分たちがしたいことなど、オリジナルの内容をプラスするのが、一番スムーズな決め方です。

披露宴の時間は一般的に2時間半～3時間。自分たちは緊張や、お色直しなどで短く感じますが、招待客にとっては意外に長いもの。演出にメリハリを持たせ、招待客を飽きさせないような工夫を。

演出は、盛り込み過ぎも少な過ぎもNG

二人にとっては一生に一度の結婚式ですから、あれもこれもやっておきたいと、希望はたくさんあるでしょう。しかし、あくまでも披露宴は、招待客に二人の結婚を祝福してもらい、楽しんでもらうためのもの。招待客の立場に立った演出を心掛けましょう。

あまり詰め込み過ぎても散漫な印象になりますし、逆に見せ場が少な過ぎると退屈な思いをさせてしまいます。会場担当者とよく相談して決めていきましょう。

披露宴で行う主なプログラム

- 迎賓（2人で or 親と）
- 媒酌人あいさつ or ウエルカムスピーチ（プロフィール紹介）
- 主賓あいさつ
- ケーキカット（和装なら鏡開きも）
- 乾杯
- お色直し
- お色直し再入場演出
- スピーチ
- 余興
- 両親への手紙朗読、花束贈呈
- 謝辞

プログラム例

基本プログラム

12:00	新郎新婦入場
12:05	開宴の辞 ウエルカムスピーチ
12:10	新郎新婦紹介
12:15	主賓祝辞
12:25	ウエディングケーキ入刀
12:30	乾杯
12:35	会食スタート
12:45	出席者の祝辞
12:55	新婦お色直し退場
13:05	新郎お色直し退場
13:25	新郎新婦再入場 キャンドルサービス
13:40	余興
14:10	祝電の紹介
14:15	両親への手紙 記念品贈呈
14:20	謝辞
14:25	閉宴の辞・新郎新婦退場
14:30	お見送り

二部制披露宴

パーティー第1部（親族中心）

12:00	新郎新婦入場
12:05	開宴の辞 ウエルカムスピーチ
12:10	乾杯
12:15	会食スタート
12:25	新郎新婦紹介
12:40	親族の紹介
13:00	スピーチ
13:15	ウエディングケーキ入刀
13:20	歓談・スナップ写真撮影
13:50	謝辞
14:00	閉宴の辞・退場・お見送り

パーティー第2部（友人中心）

15:00	新郎新婦入場
15:05	開宴の辞 ウエルカムスピーチ
15:10	乾杯
15:15	会食スタート・歓談
15:25	友人による 新郎新婦の紹介
15:40	スピーチ・余興
16:10	ウエディングケーキ入刀
16:15	デザートビュッフェ
16:50	新郎新婦あいさつ
17:00	閉宴の辞・退場・お見送り

会場の装飾を決める

会場の装飾のポイントは、配置のバランスです。シンプル過ぎても、派手過ぎても招待客によい印象を与えません。全体のバランスをよく考えて一つずつ決めていきましょう。

まずはテーマカラーを決めてコーディネート

会場の装飾には、決めることがたくさんあります。それぞれ個別に決めていく前に、全体のテーマカラーを決めておくと、最終的にまとまった印象になります。

あまりたくさんの色を使うと下品な印象に、逆にシンプル過ぎるものはさみしい印象になってしまいます。

テーブルクロスやナプキン、装花と、全体をテーマカラーに添って選べば、トータルコーディネートされた会場ができあがります。

ウエディングを象徴する花にはこだわりを

新婦のブーケに始まり、会場を彩る装花には、結婚式そのものを印象付ける大きな役割があります。

メインとゲストのテーブルを、統一感やつながりのある装花にすれば全体のバランスが取りやすくなります。

装花の色や花材など、自分たちのイメージを装花担当者に詳しく伝え、相談しましょう。ある程度の予算は取っておくようにします。また、季節によっては用意できない花もあるので確認しましょう。

新郎新婦

プラン外の装花チェック

プランにはメインとゲストテーブルの装花しか含まれていないことが多いです。もちろんそれだけでも披露宴はできますが、「節約したのね」という印象になってしまうのは否めません。受付、キャンドル周り、両親贈呈用などそれ以外の装花費用も含めた予算組みをしておきましょう。

両親

予算の確認を

会場の装飾は細かく項目ごとに決めていくので、そのときそのときベストなものに決めていくと、かなりの出費になることがあります。招待客にさみしい印象を持たれない程度に、あるいは装飾過多になっていないか、親の目でチェックしてあげましょう。

3～2ヵ月前

装花オーダーの注意点

- 装花の大きさと配置箇所の数
- 花材の種類や色の指定、アレンジはできるか
- テーブル装花の持ち帰りができるか
- 予算内に収まるか
- 貧弱な感じにならないか

装飾費用の目安

- **メインテーブル**
  3万～15万円
- **ゲストテーブル**（1テーブルにつき）
  3000～1万5000円
- **受付**
  3000円～
- **贈呈用花束**
  5000～1万円
- **ウエルカムボード**
  3000～1万円
- **ウエデングケーキ周り**
  5000～1万5000円

プラン以外の装花例

ウエルカムボード・ドア飾り

結婚式や披露宴の会場の入口に、案内板として置くのがウエルカムボード。入口のドアを飾るのがドア飾りです。新郎新婦の名前と、歓迎の言葉などが書かれています。

ウエディングケーキ周り

ケーキそのものを花でデコレーションしたり、ケーキの周りを花で飾るなど。ただし、ケーキ周りの装飾は会場によっていろいろと異なるので、事前によく担当者に確認しましょう。

トーチ・ナイフ

忘れがちなのが、キャンドルサービスのトーチやケーキカットのナイフ、樽酒の鏡開きの木づちなどの装花。オーダーしないと、何もついていないか、派手な朱色や紅白のリボンがついたりします。会場の雰囲気に合ったものを用意しましょう。

両親贈呈用花束

披露宴終盤のメインイベントといえば、花束贈呈ですが、プラン料金に入っていない場合が多くあります。また、基本的に両家の母親に渡すものなので、父親にも花束やブートニアを渡すという場合は、さらに別に依頼する必要があります。

カリスマプランナーのうまくいくコツ&テクニック

花言葉も参考に

日本の一般的なあじさいには、花の色が変わることから「心変わり」という花言葉があり、結婚式にはふさわしくないと考えられています。しかし、輸入物のあじさいは小さな花がかわいらしいので、使用したいという人も多くいます。花材を選ぶ際には花言葉も参考にしてみましょう。

ペーパーアイテムを準備する

ペーパーアイテムとは、招待状や席札、メニュー表などの結婚式や披露宴で使われる印刷物の総称です。特に席次表や席札には、誤字脱字のないようにしましょう。

基本を押さえて不備のないように

招待状や席次表、席札といった基本的なペーパーアイテムには、不備がないかの確認をきちんとすることが重要です。

そのほか、メニュー表や二人のプロフィール、新居の案内などを作成するのも一般的。オリジナリティーを出すために、手作りする人も増えてきています。何を、いつまでに、どうやって（業者に発注または手作り）用意するのかを考えて、準備がギリギリにならないよう手配しましょう。

会場の雰囲気と合わせてセンスよく

ペーパーアイテムの作成は、専門の業者に発注するか、自分たちでオリジナルなものを手作りするかのどちらかです。誤字脱字がないことはもちろんですが、ペーパーアイテムだけが会場で浮かないように、雰囲気に合わせたものにすることも重要です。ベースになる台紙の質や色、また使用するフォント（書体）も重要なポイント。

発注するときは、細かく業者に依頼し、自分たちのイメージに合ったものをオーダーしましょう。

両親

何度も確認を

招待状、席次表、席札に間違いがあっては大変失礼です。子どもたちだけで進めてしまわないよう、親も一緒に確認をしましょう。名前や肩書は特に何度もチェックを。間違いやすい漢字などは、事前に確認をしておくようにします。

新郎新婦

無理をしないこと

自分たちの結婚式を特別な雰囲気に演出したいと、ペーパーアイテムを手作りする人も増えています。しかし、結婚式の準備はそのほかにもたくさんあるため、手間をかける時間がなかなか取れないのも事実です。自信がない場合は業者に依頼する方が安心です。

3～2ヵ月前

ペーパーアイテム確認のStep＊

Step 1 招待状
基本は一世帯に一通ですが、子どもでも成人している人へは別に送ります。また、急な追加や変更に備えて、3～5セット多めに用意しておくと安心です。

Step 2 席次表
基本的には出席者1人に1部配りますが、夫婦には合わせて1部でもよいでしょう。しかし、新郎新婦のプロフィールなどが載ったタイプのものは全員に渡しましょう。

Step 3 席次表の敬称
既婚者の兄弟姉妹には「様」をつけますが、未婚の兄弟姉妹、同居している祖父母には「様」をつけないことが一般的です。地域の風習によっても異なるので、会場側に確認をしましょう。

ペーパーアイテム一覧

●席札
ゲストの名前を入れてテーブルに置く席札は、見やすさが大切。ローマ字などは年配者に配慮を。また、折り紙細工や手作りのテディベアを組み合わせるなど、持ち帰ってもらうための工夫をするケースも増えています。ウエディングの雰囲気を演出しましょう。

●席次表
披露宴のテーブル配置と席順をまとめ、ゲストの名前をフルネームで記載します。カジュアルな披露宴なら、新郎新婦との関係に加え、人柄やエピソードなどをプラスすると、ゲスト同士でも楽しんでもらえます。席次表を紙の表裏両面に印刷する場合は、透ける紙を選ばないよう注意しましょう。

●メニュー表
ゲストにとって料理は楽しみの一つ。メニュー表は注目度の高いペーパーアイテムです。会場で用意される場合もありますが、席次表とコーディネートして手作りすると、テーブルを一層華やかに演出できます。

そのほかのペーパーアイテム

絶対に必要というわけではありませんが、用意すると出席者に喜ばれるのがサンキューカード。ゲストへ感謝の気持ちを伝えるカードです。席に置くほか、引き出物やプチギフトに添えるなど、使い方はいろいろ。それぞれのゲストに一言手書きで添えると、2人の気持ちが伝わります。伝える言葉の長さとのバランスを考えて、カードの大きさを決めましょう。角にパンチで穴を開けて、リボンで飾ったり、ギフトに貼り付けたりするとおしゃれです。

演出を決める①　映像

新郎新婦の人柄や、なれそめなどを映像にまとめた演出は、招待客にも好評です。専門で編集してくれる会社なども使って、思い出に残る映像にしましょう。

映像の製作は依頼するか自分たちで

最近は披露宴でプロフィール（生い立ち）を紹介する動画を流すのが定番です。式場や専門の業者に依頼するか、自分たちで製作します。依頼すると安心ですが、プロフィール作成専門ソフトなども販売されているので、時間や予算を考えて検討しましょう。

映像の内容は、新郎新婦が生まれてから、結婚式までを紹介するのが一般的。最近は、プロジェクターなどでDVDに収録した映像を流すのが主流となっています。

プロフィール映像の作り方

映像といっても、写真をスライドショー形式で紹介するのが一般的です。基本的には複数枚の静止画像を順次音楽合わせたりして、切り替えて見せます。まずはサンプルなどを見て、イメージを固めていきましょう。

自分たちで製作する場合は、パソコンに書き込み可能なDVDドライブが装備されていることが必要です。また、会場の設備で再生可能であるかを事前に確かめてもらうと安心です。

両親

映像作りのお手伝い

最近では、披露宴の演出で、プロフィール映像を流すのが一般的です。映像には、それぞれの幼いころからの写真や動画が必要になりますが、実家から離れて暮らしている場合など、親が協力してあげましょう。写真の内容が分かる出来事などを教えてあげると参考になります。

新郎新婦

写真選びのポイント

２人の生い立ちや、なれそめに関係した写真が中心にはなりますが、披露宴に招待している人たちと写っている写真なども加えると、会場が盛り上がります。招待客も、自分が写っている写真が映ればうれしいものですし、思い出話にも花が咲きます。

1ヵ月～1週間前

映像を自作するメリット・デメリット

メリット

♥写真の枚数が自由にできる。

♥自分のイメージで作ることができる。

♥安い（必要な物をそろえると結構な出費になるので注意）。

♥自分の好みの音楽を使える。

デメリット

♠時間、手間がかかる。

♠ソフトやアプリケーションなどを持っていないと購入する必要がある。

♠凝った編集が難しい。

♠上映の際の動作不良、不測の事態への対応が困難。

映像の主な構成と内容

●プロフィール映像

新郎新婦が選んだ、生まれてから出会うまでの写真をスキャナーで取り込み、パソコンの専用ソフトなどで流れを作ります。写真に合わせたキャプション（説明文）をつけ、音楽を挿入して仕上げます。

●エンドロール

映像の最後に出演者として、映画やテレビの最後に流れるエンドロール風に、招待客一人ひとりの名前を流す映像の演出。役名部分に新郎新婦からのコメントを入れると凝った演出に。

●撮って出しエンドロール

挙式・披露宴の模様を録画しておいて、披露宴の途中で、あらかじめ新郎新婦が考えておいたコメントと合わせて編集し、会場に流します。編集にスピードが必要なのでプロに依頼をした方が安心です。

カリスマプランナーのうまくいくコツ&テクニック

手作り映像ソフトの注意点

自分たちで映像を編集する場合、専門のソフトが必要になります。ソフトは内容によって値段もさまざま。次の点に注意して購入するようにしましょう。①使える写真の枚数が限られる、② MP3 の音楽しか読み込めない、③フォントが変更できない、④文字数が限られる、⑤決まったデザインテンプレートしか使えない、⑥じっくり写真を表示できないなど。そのほかにも購入してから「こういうことか…」とならないよう、心配な点があればメーカーに問い合わせてから購入しましょう。

演出を決める② BGM

最近では、自分たちでBGMを選曲するカップルが増えています。自分たちの好きな曲や、思い出の曲を流すことができますが、それぞれのシーンに合った選曲を心掛けましょう。

1ヵ月〜1週間前

シーンに合った選曲で披露宴を演出

オリジナリティーを大切にするカップルは、BGMの選曲も自分たちでしたいと考える人が多いようです。ただし、自分たちの好きな曲や、思い出の曲などにこだわり過ぎるのは考えものです。独りよがりにならないよう、全体の流れを考えて、シーンに合った選曲をすることが重要です。

演出にぴったり合った選曲は、招待客の感動をさらに深める効果があります。迷う場合は担当者に相談をしましょう。

選曲は歌詞の内容や使うシーンも検討を

洋楽を選ぶ際にありがちなのが、歌詞の内容が失恋を唄ったものだったということです。新郎新婦が気にならなければ、基本的には構いませんが、どうしても使いたい曲がある場合は歌詞のないインストゥルメンタルにするなど、よく検討して決めましょう。

また、邦楽は歌詞と演出が重なってしまうので、入場・テーブルラウンド・ケーキカットなど、ナレーションのないシーンで使うとよいでしょう。

両親

選曲へのアドバイス

子どもたちが思いを込め選曲した披露宴のBGMですが、こだわりが強過ぎて偏った演出になっていないか、さりげなくアドバイスしてあげましょう。また、子どもたちが小さかったころに好きだった曲などを教えてあげてもいいでしょう。

新郎新婦

プロフィール紹介のBGM

司会者に2人のプロフィール紹介をしてもらう場合は、しゃべりやすい音楽を選びましょう。長さは大体3〜5分程度のものです。ちょうど2人の出会いのエピソード紹介になるころでサビ（盛り上がり）になるような曲を選びましょう。ゆったりしたテンポの曲がベストです。

BGM選曲のStep*

Step 1 シーンに合わせた選曲

新郎新婦の入退場は、印象的な曲、手紙の朗読時はスローテンポでしっとりした曲など、演出に合った選曲を心掛けましょう。

Step 2 プランナーによく相談を

たとえ自分たちで選曲したとしても、その曲を使用して演出がうまくいくのか、最終的にはプランナーなど担当者に相談しましょう。

シーン別選曲 POINT

1 新郎新婦入場

インパクトのある印象的な曲選びを。テンポはスローな方が、歩きやすいので向いています。

2 乾杯

スピーチなど静かなシーンから一転、「カンパ～イ！」の掛け声と共にお祝いムードが高まるシーン。動きのあるメロディーでパーティーをテンポよく進めましょう。

3 ケーキカット

多くのカメラがケーキ前に集中します。写真撮影の時間も考慮して、一曲を通じてテンポ感のある曲を選ぶとよいでしょう。

4 歓談

食事やおしゃべりを楽しみたいひと時は、ミディアムテンポでくつろげる曲を。２人が出会ったころの「懐かしソング」もゲスト同士の会話に花が咲きます。

5 お色直し

お色直しのキャンドルサービスなどでは、雰囲気を変える華やかな曲で会場を盛り上げましょう。時間が長めなので、数曲用意しておくと安心です。

6 余興

友人からの歌の披露や、グループでの出し物におすすめなのは盛り上がるアップテンポな曲。歌詞や振り付けもレクチャーして、会場全体で盛り上がるような演出も。

7 手紙朗読・花束贈呈

親や家族への感謝が歌詞に表現されている曲を選べば、招待客の感動も増します。手紙の朗読を邪魔しないよう、穏やかな曲を選びましょう。

8 退場

手紙の朗読や謝辞でしんみりとした雰囲気を変えるような明るい曲を。２人の未来を思わせる歌詞で、手拍子が起こるくらい明るいものがおすすめです。

依頼① 司会の依頼と打ち合わせ

披露宴の進行を任せる司会者は、プロに依頼するのが安心です。友人などにお願いする場合は、かなりの負担をかけてしまうことを念頭に依頼しましょう。

3～1ヵ月前

披露宴の印象を左右する司会者選びは慎重に

披露宴の進行をお願いする司会者は、経験豊富なプロに依頼するのが安心です。一般的に女性の方が、華やかな印象で気配りも上手なため人気があります。一方、男性も声の通りがよく、格式の高い披露宴や、高齢者の多い式に向いています。

司会者選びに迷うようなら、プランナーに自分たちの希望を伝えて、二人の結婚式のイメージに合う司会者を選んでもらいましょう。

二人の人柄やなれそめを詳しく伝える

会場側やプランナーから紹介された司会者との打ち合わせは、一回だけという場合が多いものです。このときに、司会者側が二人にいろいろな質問をするので、人柄やなれそめがよく伝わるように整理しておきましょう。

そのほかの進行は司会者がプランナーと話し合って進めていくので、余興をしてもらう友人の情報などは、プランナーに詳しく伝えます。また、盛り込みたい内容や希望も、伝えてもらいましょう。

新郎新婦

友人に依頼する

司会を友人に依頼する場合、打ち合わせに時間がかかることや、披露宴会場にきてもらう必要があるなど、負担は相当なものです。また、当日も招待客として楽しめなくなり、せっかくのお料理もなかなか食べることができません。後日、改めて食事に誘うなどして、きちんとお礼をしましょう。

両親

人選のアドバイスを

通常披露宴の司会者は、会場でプロの司会者に依頼します。しかし最近では、レストランウエディングなどカジュアルな披露宴が増えてきていることもあり、本人たちの友人にお願いすることも。明るくて人当たりがよく責任感のある人を選んでいるか確認しましょう。

司会者選びのStep*

Step 1 披露宴の雰囲気を考えて司会者選びを

経験のあるプロの司会者にお願いするなど、ある程度の人選はプランナーに任せましょう。

Step 2 成功のカギはよく伝えること

打ち合わせの際に、司会者に２人のことをよく知ってもらうことが、披露宴を成功させるカギです。

司会依頼のメリット・デメリット

●友人

♥メリット

何といっても２人のことをよく知っているという利点があります。打ち合わせも気兼ねなく行えます。

♠デメリット

本人へ負担をかけてしまうことが、一番のデメリットです。会場や進行の打ち合わせにもかなりの時間が必要です。

◆予算

お礼として３万円程度が一般的。また、当日は食事を取る暇もないので、ご祝儀はいただかない、後日食事に誘うなどの配慮が必要です。

●プロ

♥メリット

会場や披露宴のことをよく知っているので、安心して任せることができます。会場スタッフとのやり取りなども安心してお願いできます。

♠デメリット

２人のことをよく知ってもらうための説明が必要です。また、キャリアや知名度によっても料金が異なります。

◆予算

平均６～８万円。高い人は 10 万円以上かかる場合もあります。

カリスマプランナーのうまくいくコツ&テクニック

司会者との打ち合わせ

プロの司会者との打ち合わせは通常１回。どんな感じの披露宴にしたいか、招待客の数や客層、演出や余興、スピーチを行うタイミングとその人数、お色直しの回数、予定通りに進まなかった場合の対処法など、事前にまとめておきましょう。また、打ち合わせで決めたことは、必ずメモに残しておきます。特に、スピーチをされる方の名前の読み方などは、振り仮名を付けて間違いのないようにしておきたいもの。そのほか、気を付けてほしいことを前もって話しておくと、当日の不安も少なくて済みます。

依頼②

受付・撮影の依頼と打ち合わせ

披露宴では、さまざまな役割を友人などにお願いする必要があります。3～2カ月前までには依頼を済ませ、細かい点まで打ち合わせで詰めておきましょう。

3～2ヵ月前

それぞれの係に適した人選を

受付係は、両家それぞれの友人や同僚などから1～2名ずつ依頼するのが一般的です。明るく人当たりのよい、礼儀正しい人に依頼しましょう。また、お金を預かるので、ルーズな人は避けた方がいいでしょう。

受付係は挙式&披露宴の最初の顔です。敬語など言葉遣いがきちんと身についている人を選ばないと、大切な招待客に不快な思いをさせてしまうことも。人選にはくれぐれも配慮しましょう。

撮影係はプロに依頼した方が安心

写真やビデオ撮影は、ブライダル専門のプロに依頼するのが安心です。希望のシーンや、必ず押さえてほしいショットなど、事前に細かな打ち合わせを必ずしておきましょう。

友人に頼む場合でも、メインの撮影はプロに依頼し、気軽なスナップ程度の撮影をお願いするようにしましょう。そうすれば、相手に負担をかけることもなく、大事なシーンの撮影を失敗されないかなど不安にならずに済みます。

新郎新婦

受付係の人選ポイント

受付係を選ぶとき、ハキハキとして人当たりがいいなど、人柄も大変重要なポイントです。また、通常、受付係にはほかの招待客よりも30分～1時間ほど早く会場にきてもらうことになるため、なるべく遠方の人に依頼するのは避けるようにしましょう。

両親

人選のアドバイス

披露宴の係をお願いするときは、人選がとても重要です。昔から知っている友人や幼なじみ、いとこや親族など親がよく知っている人から選ぶ場合もあるので、アドバイスしてあげましょう。

各係の人選ポイント

●受付係
披露宴会場で招待客が一番最初に接する人になるので、明るく人当たりのよい人にお願いしましょう。通常、新郎新婦双方から各１～２名ずつ依頼します。

●撮影係
スナップ写真撮影と、ビデオ撮影があります。プロにお願いするのが安心ですが、友人に依頼する場合はどちらか一方だけをお願いするようにしましょう。

各係の謝礼の目安と注意点

●受付係
5000円が目安です。ご祝儀はご祝儀として受け取りましょう。披露宴の形式や時間によって3000～5000円の謝礼を用意します。友人だと、とかく辞退されがちですが、必ず渡すのが礼儀です。

●撮影係
友人への謝礼は３万円プラス材料費が目安です。プロの場合は依頼する内容によりますが10万～20万円が目安です。また、友人に依頼する場合はカメラの操作に不安のない人に依頼しましょう。各２名ずついると、万一のときにも安心です。

カリスマプランナーのうまくいくコツ&テクニック

依頼するときの心配り

受付係を依頼する相手には、前もって新郎新婦が直接（会うかまたは電話で）依頼するようにします。当日の打ち合わせももちろん必要となりますが、受付係をするのが初めてという相手には、できるだけ会って一度打ち合わせをしておきましょう。
撮影係を依頼する相手に対しては、食事をする時間が取りにくいために、あらかじめ軽食を用意するなどの気配りも必要となりますが、受付係はそのまま披露宴に出席できるケースが多いため、食事まで心配する必要はありません。

依頼③ スピーチ・余興の依頼と打ち合わせ

スピーチや余興は、内容が重ならないように配慮しましょう。それぞれ依頼するときは、招待状を出す前にお願いしておき、了承が得られたら改めて招待状に依頼の旨を書き添えます。

3～1ヵ月前

スピーチの依頼はバランスよく人選を

スピーチは仲人、主賓のほかに、上司や同僚、友人など、新郎新婦がそれぞれ2～3名ずつお願いするのが一般的です。

心からお祝いしているという気持ちが大事なので、スピーチの上手下手にこだわる必要はありませんが、一人は話しのうまい人を選ぶと安心。また、会社の同僚、学生時代の友人、幼なじみなど、バラエティーに富んだ顔ぶれにすると、エピソードがかぶらず、いろいろなスピーチが楽しめます。

招待客全員が楽しめる余興に

披露宴の余興は、同僚や友人たちにお願いすることがほとんどですが、一部の人だけが盛り上がることのないようにしましょう。また、内容がかぶらないよう、事前にある程度内容を確認しておくとよいでしょう。

カラオケや楽器など、必要な機材も、早めに聞いておいて会場に確認しましょう。余興も2カ月前までには電話などで依頼し、その後改めて依頼の旨を書いたカードを招待状に同封します。

新郎新婦

持ち時間、希望を伝える

当日のどの場面でスピーチや余興をするのか、ほかにはどんな方に何をお願いしているのかを伝えておきます。また、持ち時間もしっかりと伝えておきましょう。エピソードの内容や、歌ってほしい曲など希望があればその旨を伝えます。完全に任せる場合はそう伝えます。

両親

スピーチの人選

親族のみや、アットホームな披露宴にしたいときなど、通常来賓にお願いするスピーチを、親族に依頼する場合もあります。人選は両親に相談して決めることも多いので親族で話し上手な人などを勧めてあげましょう。幼いころから子どものことをよく知っている親族がよいでしょう。

依頼内容を伝えるStep＊

Step 1　持ち時間と内容
スピーチは3分、余興は5～10分が持ち時間の目安です。それぞれ内容に希望があれば事前に伝えておきます。

Step 2　招待客全員が楽しめるものに
披露宴の雰囲気や招待客の構成比（年齢や関係）を考えて、内輪受けにならないよう気をつけてもらいましょう。

豆知識

スピーチは必ず主賓にお願いしなくてはいけないものではありません。披露宴の構成によっては主賓を立てない場合もありますし、カジュアルなパーティーであればなくても問題ありません。ただしその際は、事前に主賓の方へ伝えておきましょう。

依頼文例

［スピーチをお願いする依頼文例］

・誠に恐れ入りますが　当日一言お言葉を賜りますよう宜しくお願い申し上げます
・誠に恐縮でございますが当日披露宴でのご祝辞を賜りたく存じますので何卒宜しくお願い申し上げます

［ 余興をお願いする依頼文例 ］

・誠に恐れ入りますが　披露宴にてお言葉あるいは何かご趣向をいただきたくお願い申し上げます
・誠に恐れ入りますが　当日余興をご披露くださいますようお願い申し上げます

依頼のとき伝えておきたいこと

♥出番・持ち時間
スピーチは3分、余興は5～10分が目安です。出番のタイミングも伝えておきます。

♥テーマ・内容
内容がほかの人と重ならないように、話してほしいことや、やってもらいたいことがあれば、大まかにお願いしておきます。

♥会場で借りられるもの
余興で必要な楽器やカラオケ装置が使えるかどうかも伝えておきます。事前に必要なものを尋ねる気遣いを。

カリスマプランナーのうまくいくコツ＆テクニック

依頼した方へのお礼

スピーチ、余興をしていただいた方には、後日、お礼の電話をしましょう。「とても感動的なスピーチで両親が喜んでいました」などと付け加えると、依頼された方は安心するものです。お金をお礼として渡す場合もありますが、何よりも大切なのは感謝の気持ちを伝えること。特に友人にお願いした場合は、現金よりも、プレゼントやハネムーンのお土産で気持ちを贈ることが大事です。ただし、余興の場合は、準備や材料費にお金がかかっていることもあるので、配慮が必要です。

3～1ヵ月前

依頼④

二次会幹事の依頼と打ち合わせ

幹事は、大変な作業を新郎新婦のために無償でやってくれることになります。二次会の計画や進行を有料で請け負うサービスもあるほどなので、幹事は親しい間柄の人にお願いしましょう。

人柄や相手の状況を踏まえて人選を

幹事には、ある程度の準備時間が必要となるので、残業が多いような人は避け、物事の企画をしたり、大勢で集まるのが好きといった人に依頼します。幹事はリーダー役のほかに2～3名お願いし、リーダーをサポートしてもらうようにしましょう。

新郎側と新婦側からそれぞれ依頼した方が、お互いの出席者の雰囲気や意向なども伝わりやすくなります。なお、依頼は二次会の3～2カ月前にはしたいものです。

披露宴に呼べなかった友人を中心に

基本的には、二次会は披露宴に呼べなかった友人を中心に招待します。ゲームを楽しむなど、披露宴とは違ったアットホームな雰囲気のパーティーになるようにしましょう。飲食代は、会費でまかないますが、オーバーした分や景品代は新郎新婦が負担します。

予算を幹事に伝えておいて、あまり大幅にオーバーしないよう気をつけます。緊張せずにくつろげる友人たちとのパーティーを心から楽しみましょう。

新郎新婦

丸投げはNG

新郎新婦が絶対に行わなくてはならないのが、招待客のリストアップです。また、昨今の個人情報保護の点から、幹事にお願いする場合は個人情報の取り扱いに十分配慮しましょう。また、会費との兼ね合いもあるので、会場の決定は新郎新婦が行いましょう。

両親

二次会の本来の意味

以前は、二次会は新郎新婦の友人が発起人となり、新郎新婦を祝うために行われていました。現在の二次会は新郎新婦を祝うものというより、新郎新婦が招待客のために催す披露宴的なものになっています。二次会を行うか行わないかは新郎新婦次第です。

二次会のStep*

Step 1 披露宴に招待できなかった人を中心に

二次会をするかしないかをまず検討し、する場合は披露宴に招待できなかった人たちに参加してもらうようにします。

Step 2 幹事はごく親しい友人に依頼

2～3カ月前には依頼しましょう。大変な負担になるので、ごく親しい間柄の人にお願いをします。

Step 3 新郎新婦と幹事の役割分担

誰が、どんな準備をするのかを明確にして、きちんと打ち合わせておきましょう。

二次会までの段取り

1 3カ月前

・予算の割り出し
（出席人数から規模を決める）
・幹事人選、依頼・打ち合わせ
（役割分担を明確にする。準備金などの用意を）
・会場探し
（新郎新婦が行うのが一般的）

2 2カ月前

・会場予約
・招待状の発送
（返信は集計者宛てに。メールで対応してもOK）
・プログラムの決定
（幹事に任せた方が自分たちも楽しめる）
・衣装を決める
（華やかで招待客に喜ばれるような衣装選びを）

3 1カ月前

・招待者名簿作り
（参加人数確定後、会場に連絡）
・記念品、景品などの準備
（引き出物は必要ないが、プチギフトやゲームの景品を用意。）

カリスマプランナーのうまくいくコツ&テクニック

二次会の予算組み

二次会には会場費や飲食費のほか、招待客へのプチギフト、ゲームでのプレゼント、演出のための費用などが必要になってきます。招待客からは飲食費（＋会場費）分の会費をいただき、残りの費用は新郎新婦が負担するというのが一般的。二次会の規模やどんな演出を行うのかにもよりますが、二次会の費用としては10万円くらいをみておけばよいでしょう。

二次会の内容を考える

ダラダラとしてしまわないように、乾杯や最後のあいさつなどはきちんとメリハリをつけて行うようにします。招待した全員が楽しめるような演出をしましょう。

決定の負担が大きいものは新郎新婦が決める

会費、開始時間、会場などの決定は新郎新婦側が行いましょう。

会費は、男性よりも女性の方を安くするのが一般的。平均では男性8000円、女性が7000円前後です。また、披露宴から参加してくれた人は、会費を多少安くする場合もあります。

会場は、二次会の内容で変わります。大勢で盛り上がれるものにするのか、ゲストとゆっくりと話せるものにするのかなど、スタイルを決めましょう。

打ち合わせを重ねて内容を決めていく

幹事とは、なるべく打ち合わせを重ねます。すべてを任せることのないよう、食事や飲み会を兼ねて、楽しく打ち合わせしましょう。

新郎側と新婦側の両方に幹事をお願いする場合は、顔合わせをしっかりしておいて、幹事同士が連絡を取りやすくしておきます。

二次会とはいえ、打ち合わせで決めることはたくさんあります。直前にドタバタすることのないように、入念に打ち合わせしておきましょう。

打ち合わせ確認事項

- 新郎新婦と幹事の役割分担
- 幹事の中での役割分担
- 招待する人の人数とリスト
- 招待状の作成と発送方法
- 会場の場所、広さなど
- 二次会の内容、プログラム
- BGM について
- 今後のスケジュールと幹事同士の連絡先

招待状の必要事項

- 日時
- 会場名
- 会場の住所、電話番号
- 会場の地図
- アクセス方法
- 駐車場の有無
- 会費
- 出欠の確認方法
- 出欠の連絡先（新郎新婦、幹事）
- 出欠の締め切り日

3〜1ヵ月前

二次会の余興案

●結婚式での演出

二次会から参加する人が多いので、ケーキカットやブーケトス、キャンドルサービスは、喜ばれる余興です。

●ダンス・演奏

歌やダンス、楽器の演奏は間違いなく盛り上がります。やってくれそうな人に早めの依頼を。

●ゲーム

二次会といえばクイズやゲームが人気です。招待客に喜んでもらえる景品を選ぶようにしましょう。

二次会進行の流れ例

1 **受付**

係が会費を管理し、名簿のチェックをします。挙式披露宴の映像があれば流しても。

2 **司会のあいさつ**

3 **新郎新婦入場**

入場までは新郎新婦は控室で待機します。

4 **新郎新婦あいさつ**

あいさつには結婚の報告を盛り込んでみましょう。

5 **乾杯**

6 **ゲーム・余興・歓談**

パーティーの雰囲気によってゲームをしたり、落ち着いた生演奏をBGMに歓談したり。

7 **新郎からのあいさつ**

8 **司会のあいさつ**

9 **新郎新婦退場**

10 **招待客退場・新郎新婦お見送り**

プチギフトなどを手渡し、お見送りをします。

カリスマプランナーのうまくいくコツ&テクニック

会場選びのポイント

二次会の会場選びは大変重要です。下見は必ず行いましょう。どのような雰囲気にしたいかイメージを決めておきます。場所は、披露宴会場に近く、主要駅付近が一般的。また、二次会の形式を、立食か着席、もしくは半立食にするかも重要です。

プチギフトを用意する

プチギフトとは、引き出物とは別にゲストのテーブルを回る時や、結婚披露宴終了後のゲストのお見送り、二次会などで、ゲストに手渡しで贈る小さなプレゼントのことです。

3～2ヵ月前

定番になりつつあるプチギフト

プチギフトは、新郎新婦がすべてのゲストとコミュニケーションが取れるので、最近では定番になりつつあります。ドラジェ（左ページ参照）には「幸福・子孫繁栄」、スプーンには「幸せをすくい取る」、紅茶には「幸茶」、フルーツやナッツ入りのクッキーには「豊潤・繁栄」などの意味があります。予算は一人当たり300～500円程度。新郎がギフトの入ったかごを持ち、新婦が一人ずつに言葉を添えて渡すとよいでしょう。

決まりはないので自分たちらしく

プチギフトは、引き出物とは別に贈るプレゼントなので、必ず用意する必要もありませんし、なにか決まりがあるわけでもありません。贈ると決めたら、自分たちらしい内容にして、喜んでもらいましょう。贈るタイミングはテーブルを回る時や送賓の時、二次会の時。一人ひとりに両手を添えて笑顔で渡しましょう。

プチギフトに新居の住所や、ひと言手書きのメッセージを添えればさらに喜んでもらえます。

新郎新婦

手作りに挑戦

新婦が得意なら、クッキーやチョコを手作りすると、感謝の気持ちもより伝わります。また、中身まではできなくても、ラッピングを手作りすれば、それだけでも温かみを感じてもらえます。メッセージカードも、ハート型に画用紙を切り抜いてメッセージを添えるなどひと工夫を。

両親

年配者にも喜ばれるものを

プチギフトは最近、定番化しつつあるものなので、内容は洋菓子などになりがちですが、素敵な和紙の袋に入ったおせんべいなど、年配の人からも喜ばれるものにしてみても。また、地元色のあるお菓子などにするなど、オリジナルのアイデアも喜ばれます。

プチギフト選びのStep＊

Step 1 プチギフトを渡すかどうか決める

プチギフトは必ず渡さなくてはいけないものではないので、２人で話し合って決めましょう。

Step 2 何にするかは２人のセンス

プチギフトの内容にも、特に決まりはないので、高価なものでなくてもセンスのよい贈りものを。

Step 3 金額の目安

一般的には、１人当たり300～500円ほどです。見た目にかわいらしいお菓子などが定番。

いろいろなプチギフト

♥お菓子

定番のドラジェは、アーモンドを砂糖で包んだお菓子。ヨーロッパでは現在でも幸福や子宝をもたらす縁起物として親しまれている祝菓子です。最近では、メッセージ入りガムやオリジナル模様入りのアメなど、選択肢も豊富。手作りに挑戦する場合は個数が多いので余裕をもって準備しましょう。

♥生活雑貨

おしゃれなプチ雑貨選びは、２人のセンスの見せどころです。女性ゲストには、カラフルなバスキューブや石鹸、アロマキャンドル、中国茶の茶葉など見た目にもかわいらしいものを。男性ゲストにはシガーや男性用化粧品などを。何種類か用意して贈り分けをしてもおもてなし度がアップし、喜んでもらえます。

♥実用品

ハンカチやミニタオルなど、何枚あってもいい実用品はお勧めです。また、渡すのは大変ですが、ゲストの名前やイニシャル入りのものは、喜ばれます。環境を意識したセレクトとして普段使い用の塗りのお箸なども。２人で雑貨店をのぞきながらアイデアのヒントを探すとよいでしょう。

プチギフトの定番「ドラジェ」とは？

ドラジェとは、アーモンドをピンク、ブルー、白などの色とりどりの砂糖ペーストでコーティングしたヨーロッパの祝菓子のことをいいます。イタリアではコンフェッティと呼ばれ、アーモンドはぶどうの房のようにたくさん実がなることから、ヨーロッパでは子孫繁栄の象徴とされており、結婚式や誕生日などのお祝いごとには欠かせないもの。また、結婚式では２人の幸せを招待客におすそ分けするという意味でも贈ります。その昔、ヨーロッパでは招待客のお見送りの際に、花嫁が自分のベールを切って包んだという話もあり、ドラジェをチュールレースなどに包んで配ります。

両親への感謝の手紙を用意する

定番のハイライトシーンです。苦手意識を持たず、両親への感謝の気持ちを素直に伝えましょう。詳しい文例などは、242～243ページを参照してください。

2週間前～前日

手紙の基本的な内容

1 **導入**

結婚に当たっての心境など。

2 **思い出・エピソード**

両親との思い出やエピソードで、一番印象に残っていることを。両親の人柄が伝わるような内容にします。

3 **感謝の気持ち**

両親への感謝の気持ちを素直に。思い出の話から自然につながるように。

4 **結婚後の抱負**

２人でどんな家庭を築いていきたいか、新生活の抱負や決意を。

5 **両親の健康を願う言葉と今後の支援のお願い**

自分の親と、相手の親に向けても健康を願う言葉などを。

新郎新婦

新郎の注意点

手紙を読むときに、緊張している新婦を落ち着かせてあげましょう。また、読んでいる最中に涙が溢れることもあります。ハンカチを差し出したり、感極まって、詰まってしまったときなどにはそっと肩を抱くなど心遣いを。

新婦の注意点

披露宴で両親への手紙を読むのは、新婦だけというのが一般的。しかし、新婦が自分の家族の話だけで終わってしまうと、新郎の両親にとっては寂しいものです。両親への手紙の最後に、新郎の両親へのあいさつ、メッセージをそえる心遣いを。

ゲストへの謝辞を用意する

披露宴の最後は、新郎か新郎の父親がゲストに対して感謝の気持ちを述べて締めくくるのが一般的です。詳しい文例などは、２４２～２４３ページを参照してください。

2週間前～前日

謝辞の基本的な内容

[新郎の場合]

1. 列席していただいたことへの感謝の言葉
2. 祝辞や余興へのお礼
3. 現在の心境・今後の抱負
4. 今後の指導をお願いする言葉
5. 結びの言葉

[父親の場合]

1. 自己紹介
2. 列席していただいたことへの感謝の言葉
3. 祝辞や余興へのお礼
4. 新郎新婦へのはなむけの言葉
5. 新郎新婦への今後の支援をお願いする言葉
6. もてなしの不備をわびる言葉
7. 結びの言葉

あいさつの Point

あいさつは明るく、ハキハキとした口調で行いましょう。間違えることを恐れてぼそぼそと自信なさげに話すよりも、少しくらい間違えても堂々と話した方が、招待客の印象はよくなります。また新郎新婦で交互にあいさつする場合は、話すテンポを合わせるようにしましょう。

言葉の注意点

[忌み言葉を使わない]

別れる、切れる、離れる、壊れる、終わる、死ぬ、重ねる、折る、閉じる、去る　など。

[重ね言葉を使わない]

ますます、またまた、どんどん、返す返す、もう一度、再度　など。

お礼と心付けの準備

お礼・心付けは、当日お世話になる人たちへ渡す感謝の気持ちです。両家でダブって渡してしまうことのないように、事前に打ち合わせをしておきましょう。

お礼と心付けを準備してお世話になる人へ

お礼とは、特別な頼みごとをした友人・知人に渡す謝礼のことです。主賓などへのお車代も、お礼に含まれます。

また、心付けは、お世話になるスタッフに渡す謝礼のことです。必ず渡さなければならないものではありませんが、きちんと準備して感謝の気持ちを伝えましょう。

新札をポチ袋や祝儀袋に入れ、友人には「御礼」、お車代には「御車代」、心付けには「寿」などの表書きをして渡します。

心付けを渡すタイミング

心付けは、当日スタッフと最初に会ったときに渡すのが一番ですが、新郎新婦は準備などで慌ただしく、渡すタイミングがないままになることも多くあります。

どちらかの両親にお願いしておくか、事前に打ち合わせをして、渡す相手を決めて、互いの両親に分担して渡してもらいましょう。それでも渡すタイミングを逃してしまったときは、最後のお礼のあいさつのときまでに渡すようにします。

新郎新婦

両親に渡すリスト作り

基本的には、お礼・心付けを渡すのは両親にお願いしておきますが、結婚式当日は、親も緊張しているもの。事前に渡す人のリストを作っておいてあげると、渡し忘れや、二重に渡してしまうことを防ぐことができます。

両親

心付けは親の役目

お世話になる人たちへの心付けは、本人たちに代わって、親が渡すのが一般的です。中には「心付け不要」という会場もあり、そういったところでは基本的に受け取らないことがほとんどですが、その場合も親が丁寧にお礼を言いましょう。

スタッフへのお心付け

会場責任者	1万～3万円
担当プランナー	3000～1万円
司会者	3000～1万円
写真・ビデオ係	3000～1万円
美容・着付け担当	3000～1万円
介添人	3000～1万円

友人へのお礼

司会者	2万～3万円
受付	3000～5000円
写真・ビデオ係	1万～3万円 ＋材料費

お車代

媒酌人	1万～3万円
主賓・乾杯	1万円
遠方からのゲスト	交通費の半額～全額

その他の謝礼

	水引	表書き	金額
媒酌人への謝礼	金銀・白赤の結び切り	「寿」や「御礼」と両家の姓	10万～30万円

カリスマプランナーのうまくいくコツ&テクニック

渡すタイミング

心付けを渡すのは両親、特に母親の役目とされます。どちらの母親から誰に渡すかの役割分担も決めておきましょう。また、本来心付けは事前に渡すもの。挙式・披露宴が成功するようにお願いするわけですから、できるだけ先に渡します。スタッフは初めに、「本日担当させていただく○○です」などとあいさつをするはず。その時が絶好のタイミングです。スタッフはプロなので、心付けをもらったもらわないで態度を変えることはありませんが、そういった気配りをされれば「より一層頑張ろう！」と思うのが人情。2人や両親からスタッフに一言「よろしくお願いします」ときちんと伝えることが大事です。

遠方からのゲスト

遠方から招く場合は、宿泊・交通費を負担する心遣いを。相手との関係によって、全額負担するか半分負担するか、またご祝儀の辞退をするかなど、率直に伝えましょう。

準備の Point

- 新札を用意する
- 金額別に袋の大きさや柄を変える
- 誰にいくら渡すか、リストを作っておく
- 表書きを両家の連名と、連名でないものに分けておく

挙式前日の過ごし方

前日は主に、当日の確認です。「会場への確認」「荷物の確認」「お世話になる人へのあいさつ」など、漏れがないようにしましょう。

チェックリスト

- □ 持ち込みの衣装・引き出物・プチギフトの搬入
- □ 持ち物（下記持ち物チェックリスト参照）はそろっているか
- □ スケジュール・列席者の最終人数チェック
- □ 交通手段・出発時間
- □ 招待客の車・宿泊先・貸衣装・着付けの手配
- □ 係の人への心付け・お車代
- □ 仲人・会場担当者・係の人へのあいさつ

持ち物チェックリスト

♥新郎

- □ **洋装小物**
  チーフ・タイ・カフス・下着・靴下
- □ **和装小物**
  下着・足袋・タオル

♥新婦

- □ **洋装小物**
  ドレス用インナー・ストッキング・アクセサリー・バッグ
- □ **和装小物**
  肌襦袢・裾除け・腰ひも・足袋・タオル

♥その他

- □ 結婚指輪・リングピロー
- □ 謝辞の原稿
- □ 挙式披露宴の進行表
- □ お礼・心付け・お車代
- □ 予備のご祝儀袋
- □ 現金・クレジットカード

カリスマプランナーのうまくいくコツ&テクニック

挙式前日は誰と過ごす？

挙式前日は自分の両親や家族と過ごす人が多いようです。明日から新しく２人の人生がスタートするので、今日までは自分を育ててくれた家族と、という思いがあるようです。

その一方で、独身最後の日を友人たちとプチパーティーを開いて祝うという、欧米タイプの人も。

どちらも素敵な過ごし方ですが、緊張であまり眠れなかったなど、当日に体調が悪くなることのないように、前日は早めに眠っておくことも大切です。

3章

マイベストウエディングのために

カップルの数だけオリジナルの結婚式があります。この章では、ウエディングプランナーたちが実際にお手伝いしてきた、心に残った式の実例や手作りアイデアをご紹介。参考にして二人らしい式を作りましょう。

マイベストウエディング成功のために

参列していただいたお客様から『いい結婚式だったね。招いてもらってありがとう』や『お料理とってもおいしかったわ』などの言葉をお開きの後で言ってもらうと、新郎新婦は、「ほっとします。やってよかった……」と安堵するそうです。

とにかく〝親族や友人たちに満足してもらいたい〟と願っている方が年々増えて、「自分たちの喜びは皆様が喜んでくれること」と考え、進行や演出を決める際、意識しているようです。お客様の立場や年齢が幅広く、どの方にとっても良かったと思ってもらうことは難しいことですね。良い結婚式ってどんな結婚式でしょう？　この方は満足？　あの方は？考えれば考えるほど、準備が慎重になるかもしれませんね。

時代と共に日本の結婚式が変化してきました。ドレスの流行も新郎のタキシードのデザインも披露宴で人気の演出も……。私たちの目に見えるものは、はやり廃りがあって過去のものがとても古く陳腐に見えることもあります。

ところが、目には見えない気持ち、願い、絆など一人ひとりの芯の部分は不変です。むしろ何かあるたびに増幅し強くなっていくようです。2011年3月、東日本大震災を受けて今まで以上に結婚式にも人との絆の大切さが求められています。良い結婚式にするためには、この不変の〝芯〟を大切にすると安心です。

私は三つの〝K〟を大切にして結婚式を迎えることをお勧めしています。

最初のKは〝けじめ〟です。恋人同士の関係から夫婦になるけじめです。二人の独立した戸籍を持つわけですから、二人の間だけでなく親や家族との関係も今までとは違います。社会的にけじめをつける考え方は、堅いようですが大切です。次は、〝感謝〟です。一人で成人できたわけではありません。まず親に、そして家族や支えていただいている周囲の方々に向けて感謝の気持ちがあれば、言動にもやさしさが表れます。最後に、けじめや感謝の気持ちが豊かな方々にわき上がる〝感動〟が、いつまでも忘れられない結婚式へと導いてくれるのです。感動は周囲に集う人たちに伝わり、二人を幸せな気持ちにしてくれるのです。

何か人と違うことをしなければ……などと考えて、奇をてらったとしても人の心を温めることはできません。一人ひとり、けじめも感謝も感動も、表現の仕方はさまざまです。わざわざ自分らしさを見つけなくても、個性が出てきます。ゲストの皆様に『幸せな気持ちになった』と温かい気分を感じてもらえると大成功です。

挙式・披露宴のヒントになるアイデア実例集

ウエディングプランナーたちが実際にプランニングしてきた、心に残るマイベストウエディングの実例を紹介します。ゲストの皆さんに『あったかい気持ちになった』と言われるアイデア満載です。

CASE 1

テーマカラーはグリーン！大好きな色に包まれて

グリーンの色が大好きな新郎新婦は、披露宴のテーマをグリーンにし演出しました。装花から、ドレス、ペーパーアイテム、そしてケーキのスポンジにいたるまで徹底的にグリーンに。招待状には「グリーンのものを身につけて来てください」と書いた付せんを添えて発送し、当日の披露宴中に、新郎新婦が選んだベストドレッサー賞を発表するというとてもユニークな演出がゲストの皆さんに好評でした。２人にとっても、大好きな色に囲まれて迎える最高の１日になったのではないでしょうか。

CASE 2

出身地の名産をゲストに楽しんでもらう

長野県出身の新郎と、愛媛県出身の新婦の披露宴では、２人の故郷の味をゲストに味わってほしいとのこと。そこで、長野県の名産であるリンゴと、愛媛県の名産であるミカンをふんだんに使ったデザートビュッフェで名産の味を楽しんでいただきました。
また、新郎のお父様が栃木県でいちごの栽培をされていたので、お父様の栽培されたいちごをウエディングケーキに使用し、ケーキ入刀前にはいちごを新郎新婦でウエディングケーキにトッピングするという心が和む演出も。

CASE 3

土地ならではの演出「なまはげウエディング」

新郎の実家のある秋田県で温泉旅館を貸し切り、伝統の「なまはげ」を取り入れた結婚式をしました。

まず、人前式になまはげさんをお迎えし、会場に入って7階四股《しこ》を踏み、会場を歩き回り、御膳を前に5回四股を踏んで、お父様の前に座って問答を繰り返し、新郎新婦の末永い幸せを祈願をして、最後に3回四股を踏んで退出してもらうという、大晦日に行われる男鹿真山《おがしんざん》のしきたりを組み込みました。そして、会食の前にはゲストの皆さんに温泉にゆっくりとつかってもらい、新郎新婦からプレゼントされたおそろいのパーカーを着用しての会食です。

秋田県の地酒「太平山《たいへいざん》」の鏡開きでスタートし、名物の「きりたんぽ鍋」を楽しんでいただいている途中で、再び、なまはげさんが包丁と桶を持って登場し、「なまはげの舞」を披露してもらいました。秋田ならではの結婚式を実現するためになまはげさんに登場してもらった、宿泊&温泉つきの結婚式は、2人の心が伝わる温かいウエディングでした。

CASE 4

家族だけのアットホームなウエディング

家族だけでおいしい料理をゆっくりと味わい、温かい雰囲気で「和」を取り入れたいという2人の結婚式では、老舗の料亭を式場に決め、堅苦しくならないように本人たち2人が司会進行役を務めました。

まずは、家族に見守られる中、結婚の誓いを立て、指輪の交換をします。そして、新郎のお父様のご発声で乾杯を行い、祝宴へ。

季節の旬の素材を使用した本格会席料理とおいしいお酒を堪能し、和やかな雰囲気になったところで、家族全員の紹介へ。アットホームな雰囲気で、両家の絆がより一層深まる結婚式でした。

CASE 5

２人の出会いの切っ掛けを演出に盛り込む

猫を被写体にした写真教室で出会ったお２人。自分たちらしい結婚式ということで「猫ウエディング」を行いました。猫がいるカフェを会場にし、２人が撮影した猫の写真を壁一面に飾って「猫写真展」も開催し、ウエルカムボードには猫の肉球を花でアレンジ。

また、人前式で行ったブーケ＆ブートニアの交換で使用したブーケには、猫の首についている鈴をイメージして、ブルーの鈴を添えました。カフェの猫にもタキシードとウエディングドレスをまとってもらって立会人ならぬ「立会猫」として見届けてもらいました。

そして、ウエディングケーキも２人が飼っている猫をイメージした立体的なデザインをチョイス。

好きなものに囲まれてのとても素敵なウエディングでした。

CASE 6

ゲストとの思い出をペーパーアイテムに

手作りのペーパーアイテムを上手に使った例です。まず、手作りの席札を、すべてゲストとの思い出の写真にする演出では、２人とそのゲストが写っている写真をネームカードとして各席にセットしました。親族とは、小さい頃に一緒に撮った写真やお正月に撮った写真などを、友人とは学生時代の写真や、最近遊んだ時の写真などをセット。席に着いた瞬間に、ゲストの皆さんは懐かしそうに笑い、周りの方と笑いながら見せ合ってとても喜ばれていました。

CASE 7

職業を演出に取り入れる

新郎新婦共に歯科医師である２人の披露宴では、ウエディングケーキに歯の模型を入れておき、ケーキカットならぬケーキ抜歯というユニークな２人ならではの演出を行いました。

また、新郎が理科の先生、新婦が英語の先生をしている２人の披露宴では、ウエルカムボードは黒板、ディスプレイには学校の机や椅子、ビーカーや試験管などを置き、席次表とメニュー表とあいさつ文は出席簿という凝った演出をしました。そして、披露宴中には新郎側の生徒と新婦側の生徒での紅白歌合戦をするなど、とても微笑ましいシーンもありました。

新婦がイラストレーターをしているカップルの披露宴では、一棟貸し切りの会場で親族中心の会食のような披露宴を行い、新婦の作品を飾って展示会のような雰囲気で演出しました。また、友人には、新婦の個展のチケット購入という形で会費をいただいて、デザートタイムから部屋を変えて友人も交えたデザートビュッフェパーティーにしたケースも。

CASE 8

子どもがいるカップルの微笑ましい式

新郎と新婦だけではなく、子どもも入れた親子３人での和の結婚式を挙げた例です。

式の途中では、お酒（お神酒）を合わせて、新郎新婦で夫婦固めの盃を交わし、ご両親と親子固めの盃を酌み交わし、そして子どもともジュースの盃を酌み交わすという微笑ましい演出。

子どもが新郎の膝に座ったり、一生懸命に式のお手伝いをしようとする愛らしい姿に笑顔が絶えない３人の式でした。

手作りアイテムの注意点&アイデア集

結婚式に「自分たちの手作りアイテムを」というカップルが増えています。節約と考えるよりも、2人のかけがえのない「思い出」を残すという気持ちで作ってみましょう。

会場の入口や受付に飾るウエルカムボード

招待客が会場で初めて目にするウエルカムボードは、二人の結婚式を印象付ける重要なアイテムです。思いを込めて手作りすれば、招待客への感謝の気持ちが温かく伝わります。

最近では、市販の材料も充実しています。一から作るよりもそういった市販の材料を上手に利用して、ある程度のクオリティーを持たせ、いかにも節約しましたといった印象を与えないようにするのが手作りのポイントです。

受付や中座した二人の席に飾るウエルカムドール

受付に置いて、二人の代役として招待客をお迎えしたり、お色直しで中座している間、二人の席に飾るウエルカムドール。その愛らしい姿が招待客の気持ちをより優しくしてくれる和みアイテムです。結婚式後も新居に飾れば、二人の思い出の品になります。

作る手間も、一から全部手作りするか、手作りキットで作るか、市販のぬいぐるみを少しだけアレンジするかなど、かけられる時間や裁縫の力量によって選べます。

結婚指輪交換に備えて指輪を置いておくリングピロー

リングピローは、裁縫が苦手でもチャレンジしやすいアイテムです。招待客に間近で見られるということはあまりないので、多少縫い目が粗くても大丈夫。かえって、不器用ながらに一生懸命頑張ったという思い出になるもの。

また、自分の母親や、新郎の母親に教えてもらいながら手作りすれば、家族の素敵な思い出にもなります。本物の枕として二人の赤ちゃんの「ファーストピロー」にするというアイデアも。

ウエルカムボード手作りのStep＊

Step 1 2人のイメージを話し合う

「ナチュラル」「アート」「おもちゃ箱」など全体の印象を決めておきましょう。材料選びで迷わないコツです。

Step 2 額縁を選ぶ

白いフレームが、飾りの邪魔をせず無難。木目調やゴールド、シルバーのものもシンプルで人気です。立体的な飾りには箱型のものを。

Step 3 飾りを選ぶ

メインの飾りを一つ決めると、それに合わせた文字素材やリボン、レースなど材料選びが楽になります。

Step 4 ボードに貼って飾り付け

一旦、画用紙などに飾りの配置を試してから実際にボードに貼ります。うまくいくコツです。

Arrange 1

造花アレンジ

造花やドライフラワーを使って華やかに飾り付け。花の色を2色程度に抑えると上品で高級感のある仕上がりになります。

Arrange 2

リボンアレンジ

額縁をリボンで覆うように仕上げると、全体の印象がグッと豪華に。針金を内側に接着すると、より立体感のある形に。

Arrange 3

フリーソフトで素材をコピー

写真をプリントしたり、フリーソフトでキャラクターや絵をコピーして貼れば、さらにオリジナル感が出ます。

Arrange 4

木の実やドライポプリでアレンジ

木の実やフルーツの飾りなら、色もカラフルで季節感も出せます。色のバランスを考えて配置しましょう。

Arrange 5

リボンで文字アレンジ

ひも状のリボンを利用して、Welcome の文字を立体的に演出。文字を凝ったデザインにするとおしゃれに。

Arrange 6

リースアレンジ

リングワイヤーを使ってクリスマスのリースのような変形ウエルカムボードにします。

Arrange 7

鳥かごアレンジ

アンティークの鳥かごに造花やリボンをアレンジし、2羽の小鳥を2人に見立てた変形ボードにします。

Arrange 8

結婚証明書とブーケで

ボードに出席者全員の名前を載せた結婚証明書とブーケと同じ色合いの造花をあしらうアレンジ。ゲストとの一体感も生まれやすいアレンジです。

ウエルカムドール手作りのStep*

Step 1 土台のドールを用意する

一から手作り、手作りキット、市販のぬいぐるみを使うなど、手作りの度合いでドールを選択。

Step 2 飾り付けのアレンジ

ドールにベールやリボン、帽子やステッキなど、小物をプラスしてアレンジ。

Arrange 1

そっくりアレンジ

土台のぬいぐるみに、新郎新婦の当日の衣装に似た色合いのアイテムをプラスします。

Arrange 2

キットでチャレンジ

ドールの市販キットなら白無垢や本格的なドレスのドールなど少し難易度の高いものにチャレンジできます。

Arrange 3

趣味のドール

サッカーや野球など共通の趣味があれば、好きなチームのキャラクターをドールにしてアレンジしても。

Arrange 4

Welcome の文字の旗を持たせて

ドールに Welcome の文字を縫ったレースの布の旗を持たせたアレンジ。ワイヤーでなびいているような形を作ります。

Arrange 5

アンティークボックスで

ドールを飾るボックスなどを豪華にアレンジ。アンティークボックスやミニトランクにレースやリボンで飾り付けます。

Arrange 6

故郷をアピール

お米の産地ならミニチュア米俵をドールのそばに置いたり、ドールに2人の故郷の名産品をモチーフにした飾りを持たせたアレンジです。

Arrange 7

お仕事ドール

制服がある仕事の場合などそっくりの制服を着せたドールや、仕事で使う道具のミニチュアを持たせたドールアレンジも可愛いらしくお勧めです。

Arrange 8

思い出アレンジ

2人が小さい頃お気に入りだった洋服などが残っていれば、それをアレンジしてドールの衣装にしても。

リングピロー手作りのStep＊

Step 1 土台のピローを作る

基本形は小さなクッション。作りたいサイズで、円形や四角形に生地をカットして中綿を入れて縫います。

Step 2 アレンジする

指輪と飾りを置く位置を決めてアレンジ。周りにレースやリボンをあしらえば、華やかになります。

Arrange 1

レースのハンカチを利用

土台になるピローを華やかなレースのハンカチを利用して作れば、それだけで豪華な印象になります。

Arrange 2

刺しゅう入りの布で

豪華な刺しゅうが施された布に、リボンなどでアレンジすれば、上品でエレガントなピローに。

Arrange 3

南国風ピロー

ピローのカバーを編みかごや、ココナッツの器にして南国風の造花をあしらえば、個性的なピローに。

Arrange 4

大小２つのピローを重ねて

色違いのシャンタン素材で大きさを変えたピローを２つ作り、重ねて固定すればクラシカルな雰囲気のピローに。

Arrange 5

フォトフレームを利用して

フォトフレームの周りにレースやリボンをあしらい、フレームの中に指輪掛け用のフックをつければ、変形ピローに。

Arrange 6

既製品のポーチを利用

ピローになる程度の大きさのポーチの表面に造花やリボンをあしらってリングピローにアレンジ。式後は小物入れにしても。

Arrange 7

お花に見立てたピロー

フェルトを花弁の形に一枚一枚カットして、ピローの土台を作ります。リング掛け用の飾りをチョウにすれば華やかさも倍増です。

Arrange 8

ケーキ型のふわふわピロー

上下面用の円形と側面用の帯状に布を切り出し、中に綿を詰めて縫い合わせてケーキ型のピローを作ります。飾り付けはリボンやフェルトを使って。

マイベストウエディングのためのお金のかけ方

結婚式にかけられるお金をどう使うかを決めるのは、ケーキ入刀よりも先にしなくてはいけない二人の大切な共同作業です。お金に対する価値観がはっきりするという点でも、二人で慎重に考え、決めていきたいものです。

重要なのはメリハリのあるお金の使い方

結婚式にどのくらいお金をかけるかは、今後の新生活のためにお金を残しておくか、一生に一度と考え派手にするか、その間を取るか、二人の考えを話し合っておくことが重要です。また、中途半端なグレードアップでは招待客にはあまり差が感じられないもの。お金をかけるポイントと節約するポイントの見極めが大事です。かけるところと抑えるところにメリハリを持たせることが、マイベストウエディング成功のポイントです。

知っておきたい演出やアイテムの相場

挙式や披露宴の演出、必要なアイテムの金額には幅があります。ある程度の相場を知っていないと、お金をかけるか抑えるかのポイントを決めても意味がありません。相場と照らし合わせて、金額を決めていきましょう。

また、当日思いがけない追加料金が発生することもあります。当日焦ることがないように、何がプランに含まれているかいないかを、事前にきちんと確認しておくことも大事なポイントです。

［演出・アイテムの相場］

項目（ゲスト1人当たり）	料理	ドリンク	引き出物	プチギフト
相場	1万5200円	3900円	4600円	311円

項目（アイテム）	結婚指輪	新婦衣装（総額）	ブーケ（総額）	ウエディングケーキ	挙式料
相場	22万5000円	41万4000円	4万8000円	6万6200円	26万1000円

『ゼクシィ 結婚トレンド調査2011 首都圏版』（リクルート）調べ

カップルが選ぶ

お金のかけどころランキング

1位 料理・ドリンク【46%】

料理のランクを上げる、オリジナルメニューにする、またデザートにこだわるカップルも。

＊当人コメント
プランで用意されているメニューを組み合わせて、オリジナルメニューに。少し割高ですが満足のいくものになります。

2位 挙式演出【45%】

代表的な演出は、聖歌隊や式後のフラワーシャワーなど。人前式の場合は2人のプラン次第で金額が大きく変わります。

＊当人コメント
シーンごとのさまざまな演出は大切な思い出になりました。特に、思い出に残っているのはフラワーシャワー。ゲストからの祝福を浴びているような感覚でした。

3位 披露宴演出【38%】

披露宴のテーマや雰囲気で、演出はさまざまです。2人でこだわった演出にはお金をかけるカップルが多いようです。

＊当人コメント
和婚にこだわりたくて「鏡開き」をしました。年配の招待客はもちろんですが、意外にも友人たちが一番盛り上がってくれました。

4位 婚約・結婚指輪【37%】

一生身につける指輪にこだわるカップルも多く、デザインからオリジナルのものにする人も。素材や使う石で金額は大幅に変わります。

＊当人コメント
結婚指輪は絶対にこだわりたかったので、かなり奮発して憧れのブランドでオリジナルデザインを注文。世界に一つだけの結婚指輪になります。

5位 衣装【25%】

女性だけのアンケートなら、衣装にお金をかけたという人が最も多く、やはり結婚のこだわりアイテムといえます。

＊当人コメント
悔いが残るくらいならと、多少、金額的には無理をしましたが、よかったと思います。

カリスマプランナーのうまくいくコツ&テクニック

思いがけない追加料金！

ウエディングアイテムの予算をギリギリで計算していると、思いがけない追加料金に慌てることに。例えば、和装の場合のかつらや小物の料金は意外とわすれがちです。また、装花の値段は細かくチェックして。ケーキ入刀のナイフやグラス、スタンドマイクも、花で飾ることがあります。どれがプランに含まれていないのかを確認しておくと、後で請求を見てびっくりということもありません。また、写真やビデオの別撮りを依頼するときは、別撮り別撮り用の衣装代金やカメラマンの出張料金などの確認も忘れずに。そのほか、持ち込み料はそれぞれ個別にかかることを頭に入れておきましょう。

取り入れたいウエディングスタイル①

フォトウエディング

結婚式を挙げなくても、思い出は形にしておきたいというカップルが増えています。衣装や場所、撮影スタイルを選んで二人だけのオリジナルフォトウエディングを実現しましょう。

二人の思い出を詰め込んだ写真だけの結婚式

さまざまな事情で結婚式を挙げていないカップルの「結婚の思い出を残したい」、「花嫁衣装で撮影をしてみたい」という思いをかなえてくれるのが、フォトウエディングです。子どもが生まれるので結婚式のタイミングを逃してしまった、また、結婚写真は撮りたいけれど結婚式を挙げるとなると費用的に難しい、具体的な予定は立っていないけれど、いつか必ず結婚式を挙げたいといったカップルにもお勧めです。

撮影は写真集や映画の主人公になった気分で

撮影当日はカメラマン、コーディネーター、ヘアメイクなど撮影スタッフが同行し、二人をサポートしてくれます。プロに撮影してもらう経験はほとんどの人が初めてで緊張するものですが、撮影スタッフはプロです。安心して最高の一枚を撮ってもらいましょう。

ロケーションフォト

ロケーションフォトとは、スタジオを飛び出して屋外で撮影することをいいます。スタジオで決められたようなポーズの写真を残すだけでは物足りないというカップルや、もっと形式張らない自然体の２人の写真が撮りたい、また、２人だけの記念の場所で撮りたいといった希望をかなえることができます。２人にとって思い出の場所、また海辺や東京タワーの見える場所、緑の並木道などロマンチックな場所で撮影すれば、これから先、何度も見たいと思えるような２人だけの写真集を作ることができます。

取り入れたいウエディングスタイル②
前撮り

挙式当日では時間に追われて満足のいく撮影ができないといった不満を解消し、新婦のヘアメイクのリハーサルになるという利点もあります。

好きな衣装を着たりゆっくり撮れる前撮り

前撮りとは、結婚式よりも前に別途記念撮影の機会を設けることをいいます。

結婚式当日はスケジュール的な制約があり、ゆっくり写真を撮る時間がない場合や、結婚式では白無垢を着ないけれど、和装の写真だけは撮っておきたい場合などに行います。

フォトスタジオで撮影する記念撮影のほかに、海やガーデンなどのアウトドアで撮影するロケーションフォトもあります。

リハーサルにもなる前撮りのメリット

前撮りは、撮影料のほかに、衣装レンタル代やヘアメイク代などがかかりますが、式場によってはセットプランとしてパッケージ料金に含まれていることも多くあります。また、結婚式当日と同じ衣装で　前撮りをすれば、ヘアメイクのリハーサルを兼ねることもできるので、「もう少しヘアのここを直してほしい」「目元の色をこうしたい」など、当日にイメージ通りのヘアメイクになるよう、本人の希望が具体的に伝えられます。

前撮りのメリット・デメリット

前撮りのメリットは何といってもゆっくりと撮影に専念できることです。また、挙式当日に新郎新婦の２ショット（フォーマルフォト）を撮影する時間も省けるので、その分の時間を当日はゆったりと使えます。結婚式場内で前撮りする場合は、当日使用しない場所（敷地内の庭やテラス、ロビーや階段など）で撮影ができるのもメリット。さらに花嫁は、当日着られないドレスや和装の写真も残すことができるし、着慣れないドレスで歩いたり階段を移動することは当日のリハーサルにもなります。ただし、撮影は平日限定というプランがほとんどなので注意しましょう。

取り入れたいウエディングスタイル③ 和婚

日本の伝統と歴史を取り入れた和婚は、近年さらに見直されてきている結婚式のスタイルです。すべてを和にするのではなく、二人らしい取り入れ方で、理想の和婚を実現しましょう。

和のテイストを取り入れた現代の和婚

和婚とは、結婚式のどこかに和の要素を取り入れた結婚式のことを指します。

雅《みやび》やかさ、しとやかさなど、日本の女性を象徴する「着物」や、歴史や伝統を感じる「神前」などが見直されています。

すべてをしきたり通りに行うという意味ではなく、和風の演出要素などを取り入れた挙式や披露宴を総称して、一般的に「和婚」と表現しているもので、決まったスタイルや約束ごとはありません。

無理なく取り入れたい和婚の要素

和婚は、神社や神殿での神前式、寺院や菩提寺で行う仏前式をはじめ、幅広い範囲で「和」を取り入れたウエディングの総称とされているので、取り入れ方はさまざまです。「白無垢で神前式をしたい」「お色直しで振袖を着たい」「鏡開きをしてみたい」など2人に合ったものを選べば、それが2人にとっての「和婚」です。また、「白塗り」のメイクはせずに白無垢を着るなども、取り入れやすい和婚スタイルです。

取り入れやすいのは披露宴

チャペルでウエディングドレスを着た挙式後に、一気に雰囲気を変えて和装で登場するといった演出や、披露宴会場自体の雰囲気、テーブルコーディネートや装花、演出などに和を取り入れた披露宴が、和婚として多く見られます。

ケース別　マイベストウエディング実例集

結婚式を挙げるカップルの背景はさまざまです。二人にとってはもちろん、招待客にとっても最高の一日にするために、何が必要なのかを見極めて準備をしましょう。

CASE 1

国際結婚カップル

両国の文化を取り入れ融合スタイルで

文化の違いを解決するには、「文化を２倍楽しめる！」と、前向きに捉えること。そうすれば２人にとっても、招待客にとっても思い出に残る素晴らしい結婚式になります。挙式を人前式にすると、両国のセレモニーを取り入れることができますし、互いの母国語で誓いの言葉を読み上げれば両家のゲストに２人の思いも伝わります。また、料理はビュッフェスタイルにして両国の伝統料理でおもてなしすると、ゲストも一層楽しんでくれるでしょう。

CASE 2

特別なケアが必要なカップル

本人だけでなく招待客に特別なケアが必要な場合も

どのようなケアが、いつ、どういうところで必要なのかを結婚式会場やウエディングプランナーにしっかりと伝えておくことが大切です。車椅子が必要な場合、バリアフリーはもちろん、椅子の移動の仕方や、エレベーターの有無の事前の確認は必須です。また、新郎新婦や招待客に聴覚障害のある方がいる場合、主要な場面で手話を使うことや、スクリーンで映像を流すときにも文字での説明を加えるなどの配慮が大切です。

そして、新婦が車椅子を必要とするなら、ドレスと同じデザインの布でコーディネートするなど、素敵な演出をしてマイベストウエディングを実現しましょう。

CASE 3

子連れカップル

子どもも一緒に参加できる式

一番ケアしたいのは、子どもの気持ちです。子どもの席や紹介の仕方、お色直し後の入場は子どもと一緒にするなど、式場担当者やウエディングプランナーとよく打ち合わせを重ね、提案してくれるアイデアも参考に決めていきましょう。ただし、子どもの年齢や心境によってさまざまです。子どもも交えた話し合いを心掛けましょう。

CASE 4

大人婚カップル

会話を楽しむような「大人の結婚式」

少人数で年配の人が多くても楽しめる、デザートビュッフェや生演奏を取り入れるなどで大人の華やかさが演出できます。本当に親しい人たちや親族だけで結婚式を行うことが多いようですが、ただ、あまり控えめにしようと、披露宴の内容をむやみに減らすのは考えもの。終わった後に何だか寂しい式だったという印象になってしまうので注意します。また衣装は、何着も着るよりは上質な一点を選ぶ人が多いようです。

CASE 5

片親カップル

入場方法も十人十色

バージンロードは必ずしも、父親と歩かなければいけないものではありません。母親や兄弟姉妹、お世話になった方、また新郎新婦で入場しても構いません。逆に、両親が離婚している場合など、気持ちがうまく言い表せないのに、新婦からの手紙の朗読といった演出を無理にする必要もありません。2人の思いを尊重した挙式や披露宴にすることが重要です。

4章

結婚式当日のマナー

いよいよ本番です。最終チェックと当日の進行を頭に入れたら、あとは最高の笑顔で当日を迎えるだけです。二人が主役となる人生の晴れ舞台の日を思いっきり楽しみましょう。二人の笑顔が何よりのおもてなしです。

新郎新婦・両親それぞれの挙式の流れ

	出発前	3～2時間前	1時間前
新郎新婦	・両親へのあいさつ ・食事を取る	・式場に到着 ・式場の係にあいさつ ・ヘアメイク、着付け開始	・仕度完了 ・写真撮影 ・媒酌人にあいさつ ・来賓や親族にあいさつ ・挙式の説明を受ける ・祝電のチェックと選択
両親	・仕度時間に合わせて式場へ出発	・式場に到着 ・必要な場合は着付け開始 ・美容・着付け係に心付けを渡す	・媒酌人にあいさつ ・写真撮影 ・来賓や親族にあいさつ ・挙式の説明を受ける ・受付係へお礼を渡す ・両親あての祝電のチェックと選択

挙式	披露宴開始 30 分前	披露宴	披露宴終了	二次会
新郎新婦	新郎新婦	新郎新婦	新郎新婦	新郎新婦
・挙式を行う	・親族紹介 ・写真室で集合写真の撮影 ・スナップ写真の撮影	・披露宴スタート	・送賓　媒酌人へのお礼	・二次会会場へ
両親	両親	両親	両親	両親
・挙式を見守る	・親族紹介 ・写真室で集合写真の撮影 ・主賓・来賓にあいさつ ・お車代を渡す ・受付係、撮影係、司会などにお礼・心付けを渡す	・来賓にあいさつ、お酌などをする	・送賓　媒酌人へのお礼	

新郎新婦の当日の心得

当日は必ず朝食を取るようにしましょう。家を出る前にはきちんと家族にあいさつを。会場には早めに到着するようにします。係の人へのあいさつも忘れずに。

家族へのあいさつと朝食は忘れずに

挙式当日は慌ただしく、朝食を取れずにそのまま会場に行ってしまう人もいますが、何も食べずにいると体に力が入りませんし、急に気分が悪くなることもあります。消化のよい朝食を取って、出掛けるようにしましょう。

また、家族には「今日はよろしくお願いします」の一言を忘れずに伝えましょう。

なお、メイクはせずに、基礎化粧品を付ける程度にして会場に向かうようにします。

会場へは早めに到着し係の人にあいさつを

式の始まる2~3時間前に会場入りするのが一般的です。会場に入ったら、係の人にきちんとあいさつを。着付室に入る前に、必ずトイレを済ませておくようにしましょう。和装の場合、帯やかつらなど慣れないものを身につけるので、事前に衣装合わせをしているとはいえ、多少の違和感はつきものです。きつ過ぎて苦しいときは貧血や頭痛の原因にもなりますから、我慢せず、遠慮なく伝えてゆるめてもらうようにしましょう。

新郎
新婦

定刻通りの準備を

媒酌人を立てている場合には、挙式の30分ほど前に媒酌人夫妻へのあいさつに伺います。余裕を持って出向けるように、定刻通りの準備を心掛けましょう。

控室では列席者にあいさつを

ヘアメイクや着付けが終わったら、控室に移り、列席者などにあいさつをします。新婦は衣装が乱れますから、腰かけたままであいさつする失礼を許してもらいましょう。また、スナップ写真に気軽に応じるのはよいのですが、はしゃぎ過ぎは禁物です。

当日の朝のStep

Step 1 朝食はしっかりと

朝食はきちんと取りましょう。どうしても時間がない場合は、小さなおにぎりなど軽食を持参します。

Step 2 持ち物の確認

下着や小物類など、持参するようにいわれているものをもう一度確認。当日は、体を締めつけない下着を身につけることも大切です。

Step 3 親へきちんとあいさつを

「今日はよろしくお願いします」の一言を忘れずに。簡単でもよいので、改めて感謝の言葉を伝えると、気持ちよく今日という日を迎えることができます。

! 身支度の Point

- 前開きのブラウスやワンピースなど、着替えやすい服装で。
- タートルネックなど、かぶって着る洋服は避ける。
- ドレス用の下着は、当日、会場でスタッフに手伝って着せてもらうので、会場までは通常の下着を着用する。
- メイクはせずに、基礎化粧品だけにする。
- 髪はしっかり乾かしておく。
- ヘアムースやヘアクリームなどの整髪料は付けない。

当日の心得

会場に着いたら常に笑顔で
招待客に一日気持ちよく過ごしてもらうためにも、あいさつと笑顔は常に意識しましょう。

水分を取り過ぎない
水分は、トイレが近くなるので取り過ぎることのないようにします。冷たいものも、できるだけ控えましょう。

早めに会場入り
担当者に指示された時間に遅れないように、早めに会場に入ります。新郎は２時間くらい前に。新婦は着付けやヘアメイクがあるので、３時間前には入りましょう。

両親の当日の心得

両親の役割は、来客の応対をすること。支度を整えたら、媒酌人や来賓、親族に出席のお礼を述べます。このほか、新郎新婦の介添人や会場係にもあいさつを忘れないようにしましょう。

1～2時間前には会場入りしてあいさつを

両親は式の始まる1～2時間くらい前に到着するのが一般的です。指定された着付室で支度を整え、その後、それぞれの親族控室に向かいます。媒酌人が見えたら「本日はお世話になります」などのあいさつをします。

また、お祝いの言葉には、「ありがとうございます」と丁寧に礼を述べましょう。来賓に対しても「本日はお忙しいところをありがとうございます」と出席のお礼を述べます。

親族紹介は事前に打ち合わせを

両親の式当日の役割は、来客の対応です。新郎新婦の介添人や会場係にあいさつをしたら、あまり控室から離れないようにしましょう。

また、控室では両親が各人を紹介するのが一般的です。

なお、親族紹介は、挙式前後に時間を取り、親族を集めて行うことが多いので、事前に打ち合わせておきましょう。親族紹介の順番は新郎側から父親が始めます。名前と新郎との続柄を伝えます。

両親

遅刻は厳禁

式当日の両親の重要な役目は、列席者へのあいさつです。遅刻をしてしまっては、新郎新婦の気持ちに負担をかけてしまうことに。絶対に遅刻しないようにしましょう。両親は1～2時間前に会場入りして、親族を迎えて集まり具合を確認しましょう。

新郎新婦

あまり甘えずに

当日は緊張で気持ちも高ぶりナーバスになりがちですが、出掛ける前にはきちんと両親にあいさつをするようにしましょう。両親は朝食の用意や忘れ物はないかなど、気遣ってくれるでしょうがあまり甘えることのないようにしましょう。

両親の持ち物チェックリスト

- □ 進行表
- □ 招待客リスト
- □ 席次表
- □ 媒酌人への謝礼、お世話になる方へのお礼と心付け
- □ 予備のお礼と心付け（新札と祝儀袋を余分に）
- □ 媒酌人や主賓などへのお車代

! 両親の控室での振る舞いの Point

- 到着した招待客、係の人にあいさつを。
- 親族を迎えて、集まり具合を確認する。
- 年配の人には、椅子を勧めるなどの配慮を。
- 入口付近にいる人は、中に招き入れる。
- 媒酌人に親族を紹介する。
- 招待客に飲み物などが行き渡っているかなどの確認をする。
- 親しい人とばかり長話しない。
- 新婦の母親は新婦の様子をうかがう（媒酌人や介添人に任せる気持ちで、見守る程度に）。
- 場を離れるときは、誰かに行き場所を伝えておく（むやみに場を離れないようにする）。

カリスマプランナーのうまくいくコツ&テクニック

親族紹介の注意点と招待客への配慮

親族を紹介するのは、一般的に父親の役目ですが、緊張で名前などを度忘れしてしまうことが多いようです。新郎新婦の兄弟の連れ合いや、その子どもたちなど、前もって確認しておきましょう。出席者が多いときは、メモを用意しておいて間違えないように時々確認しながら紹介しても構いません。また、花嫁の介添えは媒酌人夫人の役目となるので、母親は父親と一緒に列席者のもてなしをするようにしましょう。各テーブルを回ってあいさつしたり、お酒を勧めたりして、招待客に気を配ります。

心付け・お車代の渡し方とマナー

お礼・心付けは、外国でいうチップのようなもの。必ず渡さなければいけないものではありませんが、二人の感謝の思いを形にするためにも、慣習に倣って渡すのがマナーです。

最初のあいさつのときにさりげなく

心付けは、最初にあいさつをするときに両親から渡すのがベストです。また、お車代は受付担当者に頼んでおいて、招待客が受付をする際に渡すこともあります。受付担当者に「お二人からお預かりしております」など、一言添えて渡してもらうようにしましょう。

ただし、基本的にはお礼や心付けは両親から渡すものなので、主賓や乾杯をお願いした方などには、迎賓時か送賓時に両親から渡してもらうとよいでしょう。

スマートに渡すコツと注意点

心付けやお車代を渡すときに、一番重要なのは、相手に恥をかかせたり、嫌な思いをさせないこと。横柄な態度で渡すのは論外ですが、ほかの招待客の目の前で渡すのもNGです。周りに人がいるときは、背中を向けるなどの配慮を。断られても「お祝い事ですので」などと受け取りやすいよう勧めるようにします。

式場によっては辞退することもあるので、二回断られたら無理強いせず、素直に引きましょう。

新郎新婦

美容担当は新婦から

当日は準備やあいさつで慌ただしく、心付けやお車代は両親にお願いするのが一般的ですが、新婦は、自分を担当してくれるヘアメイクや着付けの係の人には自分で渡してもよいでしょう。そのほかでも、渡せる人には自分たちで渡しても問題ありません。

両親

相手を確認してから

式場にはさまざまな人が出入りします。担当者の顔が分かっていれば問題ありませんが、式の打ち合わせなどは主に子どもたちがするものなので、両親は係の人の顔を知らないことがほとんどです。よく分からないときは、披露宴終了後に相手を確認してから渡すようにしましょう。

心付け・お礼を渡すときの言葉

♥最初のあいさつのとき

「本日はよろしくお願いいたします」
「いろいろお手数をおかけしますが、どうぞよろしくお願いいたします」
「おかげさまで今日を迎えることができました。本日はどうぞよろしくお願いいたします」

♥最後のあいさつのとき

「本日は大変お世話になりました。おかげさまでよい披露宴となりました。本当にありがとうございました」
「いろいろとお世話になりました。感謝申し上げます」

心付け・お車代のチェックリスト

☐ **渡す人のリストを作る**
役割、名前、金額と共に、費用はどちらが負担するのか、誰がいつ渡すのかの項目を作って間違いのないように。

☐ **新札を用意する**
ご祝儀袋の大きさによってお札を折って入れることにはなっても、必ず新札を用意すること。銀行で早めに替えておきましょう。

☐ **ご祝儀袋を用意する**
リストに沿って必要なものをそろえます。心付けは予想以上に必要になってしまうことがあるので、あらかじめ多めに用意しておくと安心です。

☐ **親と打ち合わせる**
当日渡してもらう親とはなるべく早めに打ち合わせを。用意したご祝儀袋は、必ず前日までに預けましょう。

●海外挙式もお車代？

国内披露宴の場合、遠方から来てもらう招待客にはお車代として交通費を渡すケースがほとんどですが、海外挙式の場合、交通費（渡航費用）の額が大きくなるため、国内の通例とは異なることを、参列してもらう人にも認識してもらうようにしましょう。また、招待したい方々へは、休みの調整などが必要なので、できるだけ早めに伝えるようにします。なお、こういったスケジュールに関する負担や、費用負担に関しては、とてもデリケートな話です。最初の段階できちんと伝えておくのがスマートな誘い方です。

会場に到着したら【新郎新婦編】

主役の二人は遅れずに会場入りして、ゆとりを持って仕度を済ませましょう。当日は常に二人に視線が集中します。笑顔とあいさつを普段以上に心掛けて。

遅れずに会場入りして介添人のアドバイスを聞く

挙式の3時間前までに新婦が、2時間前に新郎が会場に入ります。到着後はそれぞれ仕度をし、支度が整ったら控室で親族の方々へあいさつをします。

また、神前式の場合は、控室で式の説明があります。その場では理解できないかもしれませんが、介添人がアドバイスをしてくれるので心配ありません。

キリスト教式の場合はリハーサルがあり、式中は牧師がアドバイスをしてくれます。

むやみに動かず指定の場所で静かに待つ

会場では基本的に担当してくれるスタッフの指示に従って行動します。スタッフからいろいろと確認を求められることも多いので、むやみに動き回らないようにしましょう。主役の二人が見当たらない事態は、本人の想像以上に大変なこと。トイレや喫煙、外に出るときなどは必ずスタッフか周りに伝え、居場所が分からないということのないようにします。特に挙式直前は、指定の場所で静かに待つようにしましょう。

新郎新婦

新郎は新婦のサポートを

当日新婦は、洋装にしろ和装にしろ、普段着慣れない衣装で動きにくく、ちょっとした段差でも転んでしまうことがあります。新郎は、特に移動のときには新婦の歩く速度に合わせ、必ず手を添えてエスコートします。心身共に新婦のサポートを心掛けましょう。

両親

娘への気遣い

娘の体調の微妙な変化は、母親にしか分からないこともあります。また、緊張や遠慮から我慢している可能性も。さりげなく、娘の体調などを気遣ってあげましょう。

到着後の確認のStep＊

Step 1 あいさつと心付けを忘れないように

あいさつは、頭を下げるだけでなく「今日はよろしくお願いします」の一言を。心付けも忘れずに。

Step 2 着付け前にトイレは済ませておく

トイレに行く時間は取りにくいものです。特に新婦は衣装を着る前に済ませておきましょう。

Step 3 スタッフと最終の打ち合わせを

挙式や披露宴の段取りについて、スタッフと最終確認をしておきます。招待客の人数や祝電の確認も。

挙式前に済ませておくこと

●最終打ち合わせ

♥受付係

・ご祝儀の管理方法・渡す相手
・受付開始・終了時刻

♥撮影係

・事前に伝えた内容の確認
・変更、追加内容

♥司会者

・進行の流れ
・時間の調整方法

●祝電の整理

すべての祝電に目を通してから、読み上げる順番を決める。名前などの読み間違いのないよう、司会者に伝えておく。

●席次の最終チェック

急な欠席などで、披露宴の招待客数が変わった場合は、会場担当者に報告する。

●トイレ

着付け前に必ず済ませる。ただし、着付け後に行きたくなった場合も、遠慮せず介添人に伝えること。

カリスマプランナーのうまくいくコツ&テクニック

新郎がしっかりと判断を

当日の司会をお願いする人とは、来賓をはじめスピーチや余興をお願いする方々の紹介の仕方など、事前によく打ち合わせておきましょう。当日は、披露宴前の慌ただしいスケジュールの中で祝電選びをしなければいけません。披露宴の中で祝電を紹介する順番などは、本人たちしか分からないので、忙しい新婦に代わり、新郎が中心になってサポートをします。また、会場スタッフには、YES・NOをはっきりと伝え、あいまいな返事や保留は避けるように。判断に迷ったら担当者に相談しましょう。

会場に到着したら【両親編】

両家の両親が互いに、あいさつを交わします。その後に、新しい親族に対して、丁寧にあいさつをしましょう。

親は控えめに品格ある振る舞いで

控室での親の役割は、丁寧なあいさつと笑顔で招待客をもてなすことです。

当日は分刻みで進行しますし、慣れない場所で緊張もするでしょう。それでも慌てずに、落ち着いて自分の役割を果たすことに専念します。常に新郎新婦の後方に控えるようにして、全体に気を配りましょう。

挙式が始まる30分くらい前には列席者が到着し始めます。丁寧にもてなしましょう。

控室では周囲に心配りを

控室では、それぞれにあいさつするだけでなく周囲への心配りを。室内が和やかな雰囲気になるよう、媒酌人に親族の紹介や、面識のない人同士を紹介するなど細やかな心配りをしましょう。

また、入口付近で待機することで招待客をスムーズに誘導できます。室内で親しい人とばかり長話をしないようにしましょう。

招待客が多いときは両親だけでなく、新郎新婦の兄弟姉妹も、もてなしの手伝いをします。

両親

当日の役割と気遣い

当日の主役は新郎新婦なので両親は関係者へのもてなしと気配りを。まず媒酌人を立てている場合は夫妻を出迎え、控え室にご案内を。式場の係や諸係にあいさつをして、必要に応じて心付けを渡します。

新郎新婦

精一杯の感謝を

当日、何かと陰ながら支えてくれているのは両親です。2人が準備に追われている間も、慣れない会場で大勢の人を迎え、もてなしてくれています。面と向かって「ありがとう」というのは気恥ずかしいものですが、きちんと心からの感謝の気持ちを伝えるようにしましょう。

到着後の流れ

1 控えめに落ち着いて行動を

当日は、控えめな振る舞いと品格ある落ち着いた行動を心掛けましょう。

2 丁寧なあいさつと心配り

媒酌人や来賓へのあいさつは丁寧に。控室では和やかな雰囲気作りを心掛けます。

3 目の行き届かない場合は兄弟姉妹も手伝いを

新郎新婦に兄弟姉妹がいる場合は、両親だけでは目の行き届かない部分を手伝ってもらいましょう。

控室での振る舞いチェックリスト

□ **控室への誘導**
両親はなるべく控室の入り口付近にいるようにして、招待客を室内に誘導するようにします。

□ **高齢者には特に配慮を**
高齢の招待客や、遠方から来てもらった招待客、子ども連れの人には、椅子に座ってもらうようにするなど、特に配慮をしましょう。

□ **全体的に気を配る**
親しい人とばかり長話をしないように気をつけ、控室の招待客に飲み物が出ているか、もてなしに失礼はないか全体的に気を配るようにします。

□ **相手方の話は禁物**
たとえ悪気がなかったとしても、相手方の話をするのは禁物です。控室が両家で分かれている場合などは特に、不注意な発言のないようにしましょう。

● あいさつとおもてなし

結婚式当日、招待客へのもてなしでの、両親の役割は大変重要です。媒酌人、主賓、初対面の人にも礼儀正しく接し、出席していただいたことへのお礼を丁寧に述べましょう。親しい知人や親族に対しても、あいさつは丁寧に。控室までお祝いのあいさつに来てくれる招待客には、桜湯などでもてなすとよいでしょう。飲み物や茶菓子なども忘れずに手配しておきます。司会や受付など係を引き受けてくれた人へもお礼を忘れないように。相手の家族や親族とも今後長いお付き合いとなりますから、お互いに自己紹介してきちんとあいさつを交わしておきましょう。

挙式での美しい立ち居振る舞い

結婚式当日は新郎新婦の一挙一動にゲストの注目が集まります。美しい立ち居振る舞いを心掛けるようにしましょう。

背筋を伸ばして美しい振る舞いを

結婚式が決まったら、美しい立ち居振る舞いを心掛けるようにします。当日はぎこちなくなりがちですが、普段から立ち居振る舞いに気を付けていれば安心です。

新郎新婦が美しく見えるポイントは、「背筋」。猫背やあごを突き出していては、せっかくの衣装が台なしに。背筋を伸ばし、あごを引き気味にしてすっきりと立つようにしましょう。お辞儀や座っているときも、その姿勢を保つように気を付けます。

リラックスして常に笑顔を心掛けて

当日は緊張のあまり、笑顔が引きつったり、表情がこわ張る人もいますが、両親や親しい友人などと会話をして、できるだけリラックスした笑顔を心掛けましょう。

もし、アクシデントが起きても介添人がフォローしてくれます。冷静な態度を保ち、落ち着いて介添人の指示を待ちましょう。慌てる姿は周りをハラハラさせます。

新郎新婦は、常に笑顔をゲストに向けるようにします。

新郎新婦

鏡の前で最終チェック

着付けが終わったら、正しい姿勢で鏡の前に立ち、全体のバランスを最終チェックします。手足や頭もゆっくり動かしてみて、気になるところがないか確認を。もしも気になるところがある場合は、早めに遠慮せず着付けやヘアメイクの担当者に伝えましょう。

両親

さりげなくフォローを

招待客全員が注目する新郎新婦には、緊張を感じる時間が続きます。表情がこわ張っていたりなど緊張がうかがえるときは、ちょっとした空き時間などに会話をしてあげることで、本人たちは随分リラックスできるものです。

着付け後の確認のStep *

Step 1 鏡の前で立ち姿を最終確認

メイクは首筋とのつながり、衣装は肩のずれや左右ベールのボリュームなど全体のバランスの確認をします。

Step 2 深呼吸をしたり座ってみる

胸やお腹に圧迫感がないか深呼吸して確認を。特に和装は無理をしていると式中に気分が悪くなることも。

Step 3 着付けスタッフにお礼を

心付けを添えて、心を込めてお礼の気持ちを伝えましょう。

立ち居振る舞いのポイント

ドレスでの歩き方

背筋を伸ばし、普段よりゆっくり歩くと優雅に見えます。スカートにボリュームのある場合は、足の甲で軽くドレスを押し出すようにして歩きます。細身のドレスの場合は両膝を寄せ、つま先から下ろすようにします。

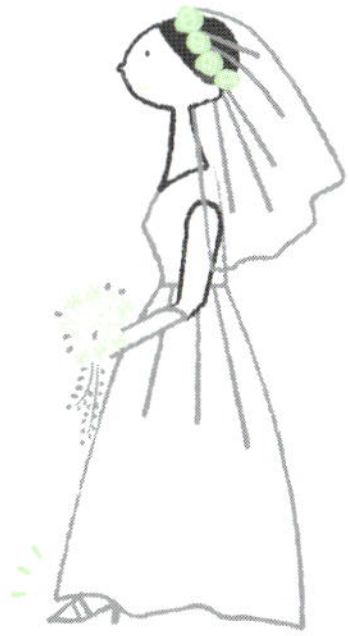

ドレスで座るとき・立つとき

背筋を伸ばし、椅子に浅めに腰掛け、背もたれには寄りかからないようにします。足は少し引き気味にし、両足をそろえて少し斜めにすると上品です。立つときは、片足を少し下げ、前かがみにならないようにして立ちます。

ドレスでお辞儀をするとき

背筋を伸ばし、腰から上体を折るような感じでします。胸元の開きに注意しましょう。

♥並んで立つとき

新婦は新郎の半歩後ろに立つようにします。腕を組むときは、新郎の腕に新婦が軽く手を添え、もう片方の手でブーケを持ちます。ブーケはおへそより少し下に持ち、頭と両肩先とブーケの中心が卵型になるようにします。ブーケを持つ手のひじを張り過ぎると美しく見えません。

♥和装での基本の立ち方

新婦は視線をやや斜め下に。扇子は右手で持ち、左手を下から添えるように。かつらが不慣れなので猫背になりがちです。気をつけましょう。

♥和装での動作

内股で歩幅を小さくして歩きましょう。腕を上げるときは片方の手を袖に添えます。頭はできるだけ動かさないように気をつけましょう。

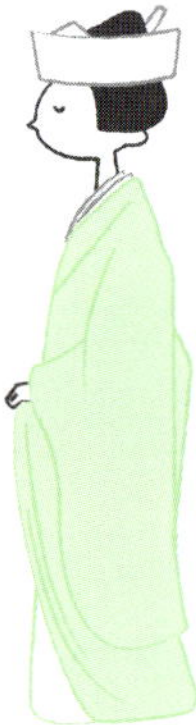

立ち居振る舞いの**NG**ポイント

当日は、式中にずっと視線が自分たちに向けられていることを意識して、優雅な振る舞いをするようにしましょう。また、友人と会話をしていると、つい普段の口調になってしまいがちですが、大きな声を出したり大きく口を開けて笑ったりするのは美しい振る舞いとはいえません。新郎と仲がよいのはいいことですが、あまりベタベタしたり、逆に無表情になるのもNGです。

挙式のマナー① キリスト教式

キリスト教式には、大きくプロテスタントとカトリックの違いがありますが、ホテルなどの式場で挙式を行う場合はプロテスタントがほとんど。会場によって式次第などにさまざまな違いがあるので注意を。

キリスト教式での所作

●焦らず優雅に手袋を外しましょう

指輪の交換の時には、自分で手袋を外します。

ロングの手袋の場合には、腕の部分を半分ほど折り、手の甲まで下げます。そして、指先を少し引っ張れば緩むので、そのままひじを引けば簡単に外れます。

この時に、一緒につけ爪が取れてしまうケースが多いので、注意しましょう。

●指輪が関節で止まってしまったらあとは自分で

指輪交換の時に、手首を下げてしまうと指輪が入りにくくなってしまいます。床と平行になるように指を差し出しましょう。もし、関節でつかえてしまったら、無理に入れてもらおうとはせずに最後は自分ではめましょう。

事前に練習しておくとよいでしょう。


（キリスト教式　席次例）

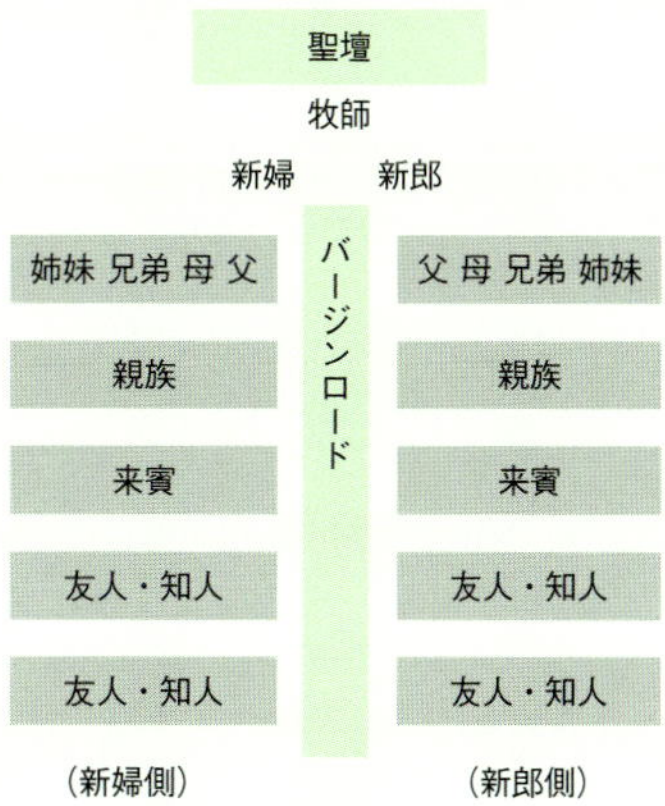

両親

父親のエスコート

キリスト教式で思い浮かぶ印象的なシーンの一つが、父娘でバージンロードを歩くというもの。バージンロードを歩くときは、2人の歩調を合わせるように気をつけましょう。父親は新郎のところまで進んだら、新婦の手を取って、新郎に渡します。

新郎新婦

バージンロードの歩き方

多くのチャペルでは、右足を出して左足をそろえ、次に左足を出して右足をそろえる歩き方をします。父親と左右の足をそろえることに意識が集中し、目線が足元にいってしまいがちですが、足元はドレスで列席者には見えないので、あまり気にせずに目線は前方の十字架（聖壇）に。

挙式のマナー②

神前式

神前式には、二人の縁を取り結ぶ、三三九度や玉串奉奠《たまぐしほうてん》など厳粛な儀式の決まった流れと手順があります。作法を確認して式に臨みましょう。

神前式の作法

●三献の儀（さんこんのぎ）

三献の儀では、巫女が三方に３つの盃を重ねて運んできます。巫女が、一つ、二つとつぐ真似をし、三度目でつぎます。新郎新婦も、同じように二度口をつけて三度目で飲みます。これを新郎新婦で交互に三度繰り返します。盃は左右の手で四指をそろえて持ちましょう。新婦がかつらの場合は、こぼすことを気にし過ぎて、首が前に出ないように注意しましょう。

●誓詞奏上（せいしそうじょう）

新郎が全文と自分の氏名を読み上げて、新婦は最後に自分の名前を読みます。読み終えたら、左から元通りに折り込んで、外袋に戻し神座に向けて奉納しましょう。

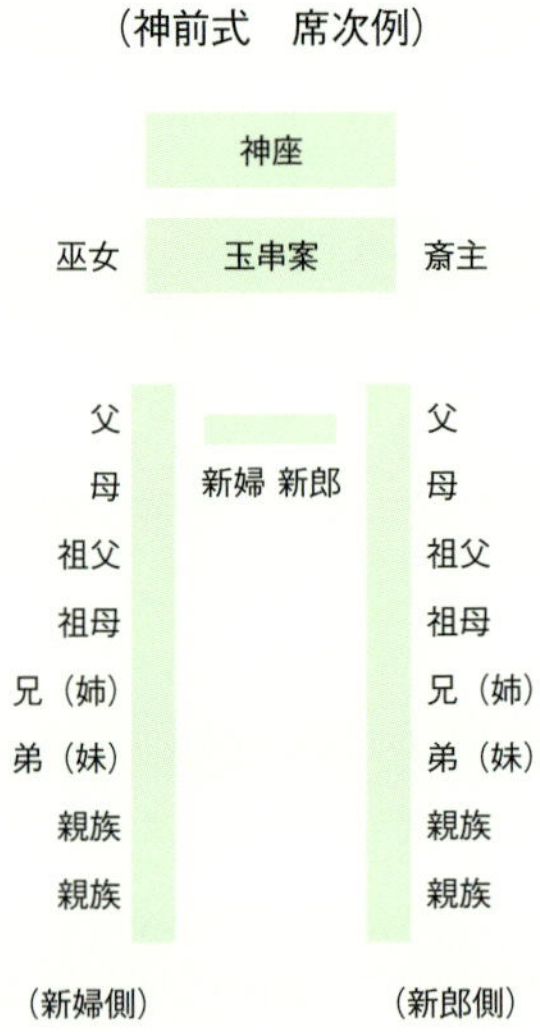

●玉串奉奠（たまぐしほうてん）

慌てずにゆっくりと相手とタイミングを合わせるようにしましょう。お辞儀の時には猫背にならずに、腰から曲げるようにすると美しく見えます。

新郎新婦

玉串の捧げ方

①玉串の枝元を右手で上から、葉元を左手で下から持つ。
②時計回りに 90 度回し、枝元を自分に向ける。
③左手を枝元側にずらし、右手で葉元を持つ。
④時計回りに 180 度回し、枝元を神前側に向け玉串案に置く。

三献の儀について

小中大の３つの盃を新郎新婦が交互に飲む儀式です。小杯は新郎から、中杯は新婦から、大杯は新郎からと交互に３回酌み交わし、それぞれ３口で飲みます。（1、２回目は口を付けるだけ、３口目で飲みます）飲めない人は口を付けるだけでもＯＫです。

挙式のマナー③ 人前式

人前式は、親族や知人の前で結婚を誓い、列席者に証人になってもらう挙式スタイルです。そのほかの挙式とは異なり、特別な決まりはないため、二人らしい演出をしましょう。

人前式での所作

●証明書へのサインの仕方

結婚証明書へ署名をする際に、新婦は前かがみになると胸元があらわになってしまうので注意しましょう。

片足を後ろに引き、背筋を真っすぐに伸ばして膝を折ると美しさが際立ちます。この時、新郎は新婦と寄り添うようにしましょう。

●階段の美しい下り方

列席者よりも高い位置から階段を下りる場合は、意外と列席者に足元が見えてしまいます。ドレスのスカートを持ち上げ過ぎると足元が丸見えになってしまうので注意しましょう。下を向かずに足の甲に力を入れて裾が絡まないように歩きましょう。新郎は新婦を支えることを忘れずに。

新郎新婦

人前式にした理由の説明

人前式は自由な挙式スタイルなだけに、実際に参列される年配の人たちには理解しづらい場合も多くあります。そのため、招待状を送るときなどに人前式はどんな挙式スタイルなのか、人前式を選んだ理由などを説明するようにしておくとよいでしょう。

オリジナルの大変さも

人前式は、新郎新婦でプロデュースするもの。ほかの挙式スタイルよりも念入りに打ち合わせやリハーサルを行う必要があります。すべてが自由ということはすべてに責任を持つということです。2人で話し合って式の形を作り上げていきましょう。

挙式のマナー④ 仏前式

仏前式は、寺院や菩提寺の本堂で行うのが一般的ですが、最近は、仏壇の準備をすれば部屋を貸してくれるホテルや式場もあります。また、僧侶を招いて自宅の仏壇の前で行うこともできます。

仏前式での作法

●焼香の手順（浄土真宗の一例）

①焼香台の２～３歩手間まで進み、本尊に一礼します。
②台前まで進み、右手の親指、人指し指、中指の３本で、お香をつまみます。
③つまんだお香を、押し抱かずに炭の上にそのまま乗せます。
④合掌します。
⑤卓前から２～３歩下がって、一礼します。

●念珠の美しい扱い方

合掌の時以外は、左手首にかけて房を下にたらし、親指の下で軽く押さえるようにして持ちましょう。床や畳に直接置くことはマナー違反なので、くれぐれも気を付けましょう。

（仏前式　席次例）

	仏壇台		
	僧侶（司婚者）		
	焼香台		
父	新婦	新郎	父
母			母
祖父母			祖父母
兄弟姉妹			兄弟姉妹
親族			親族
（新婦側）			（新郎側）

新郎
新婦

念珠の持ち方
（浄土真宗の一例）

焼香するときは、念珠は左手に持ち、右手で焼香する。房が下にくるようにして親指以外の指にかけて持ちます。
合掌するときは、合わせた手の４本の指に念珠をかけ、房が下にくるようにして、親指で軽く押さえます。

式次第は事前に伝えましょう

式次第は、宗派や寺院、司婚者によって異なりますが、如来の前で誓い、焼香をし、念珠が授与される点は共通します。結婚指輪の交換をしたい場合には、事前に申し出ておけば念珠授与の前後に組み込んでくれます。

挙式のマナー⑤ 海外挙式

海外ウエディングは、海外旅行の日程の中に挙式を組み込んだものです。一般的に現地に下見に行くことはないので、挙式前後の滞在も含め、よく調べてから当日を迎えるようにしましょう。

海外挙式　一般的な流れ

1 仕度（8：00）
ホテルの部屋に、ヘアメイク、アテンド（案内役）が到着。まずは新婦の仕度からスタートします。

2 会場へ出発（10：30）
カメラマンが到着し、アルバム用の撮影をします。その後リムジンで挙式会場へ。

3 挙式（11：30）
新郎新婦が到着し、このとき挙式前にリハーサルをする会場も。牧師からの話の後、挙式が始まります。

4 記念撮影（12：00）
挙式後、チャペルを出るとゲストからのライスシャワーが。その後チャペルのガーデンなどでゲストも一緒に記念撮影。

5 フォトツアー（12：30）
招待客はホテルに戻り、新郎新婦は現地の美しいビーチなどで思い出の写真を撮ります。

6 パーティー（14：00）
パーティー会場に移動してゲストと会食。ケーキカットなどの演出を。

7 ホテル着（16：00）
ホテルに戻って着替え。

新郎新婦

フォトツアーとは

その土地ならではの美しいスポットで写真撮影ができるのは、海外挙式の醍醐味といえます。ハワイのような南の島であればビーチで、ヨーロッパやアジアの街では歴史的建造物などをバックに撮影します。撮影時間は1時間くらいが理想的です。

現地でのパーティー

挙式の一日を、ゲストと一緒に振り返り、料理とお酒を楽しむ現地パーティーは海外挙式の必須項目です。少人数の場合でも食事会は必ず開催しましょう。海外のレストランの場合、ウエディングドレス着用での入店不可ということもあるので、手配会社へ確認を。

披露宴での上品な振る舞い

披露宴では、もちろん新郎新婦も食事をします。和洋中の基本のテーブルマナーは知っておきましょう。

テーブルマナーの知識を覚えましょう

ここでは、基本的なことだけ説明します。ナプキンは、手前に折り目がくるように畳んで、膝に載せます。口をふくときなどは内側を口を当てて使います。ナプキンではテーブルなどの汚れをふかないように注意しましょう。ナイフ・フォークは、中座するときは、ハの字にして置き、食事が終わったら、右側に平行に置きます。

箸は、右手で持ち上げて左手で下から添えるようにして持ちます。置くときは箸置きに。

普段より上品を心掛けて食事しましょう

食べこぼしなどに気を遣いながら、普段より少しずつ口に運ぶようにしましょう。このとき、口を大きく開けないように注意。

食べるペースもお互いの様子を気遣って合わせましょう。

お酌されたら飲まなければと思いがちですが、主役が飲み過ぎては大変です。自分のペースを考えて、やんわりと断りましょう。断り切れない場合には、足元に容器が用意されていますから、そっと捨てましょう。

新郎新婦

披露宴でのお酌

お酒に酔わない自信があっても、飲み過ぎには注意しましょう。お祝いの席なのでお酌をしてくれる人はひっきりなしに来ます。それをすべて飲んでいたのでは、披露宴が終わるころにはとんだ醜態を晒すことに。足元にお酒を捨てるための容器も用意されていますし、笑顔でグラスに口を付けるだけでも構いません。また、新婦が緊張で喉が渇き、飲み過ぎてしまうこともあります。お互いに注意しましょう。

上品な振る舞いのStep＊

Step 1 動作は優雅を心掛ける

いつもより、ほんの少しだけゆっくりな動作を心掛けるだけで、ぐっと優雅に見えます。

Step 2 相手に体を向ける

２人のために、スピーチや余興などをしてくれます。見て、聞く姿勢で体ごと相手の方へ向きましょう。

Step 3 常に笑顔を絶やさない

披露宴に来てくれている方々は２人に注目しています。笑顔で過ごしましょう。

テーブルマナー

水用ゴブレット
赤ワイン用グラス
シャンパングラス
白ワイン用グラス
デザートナイフ
デザートフォーク
バターナイフ
コーヒースプーン
①ナイフ・フォークは外側から、オードブル用、魚用、肉用となっています。
外側から使用する
②ナプキンは、２つに畳んで膝の上に置きます。このとき、折り目が手前にくるように置きます。
③食事途中の場合は、ナイフとフォークでハの字を作るように置きます。食後は、お皿の上の右側にフォークとナイフを平行にして置きます。
スープスプーン
外側から使用する

冷静に対処したいアクシデント

何かとアクシデントは起こりますが、落ち着いて対処しましょう。衣装にシミがついたら、慌てずにすぐに介添人へ伝えましょう。また、途中でお手洗いに行きたいときや具合が悪いときには、無理は禁物です。新郎や介添人に伝えてタイミングを計って席を立ちましょう。

披露宴のタイムテーブル例

0
招待客入場

1
12:00
新郎新婦入場

2
12:05
開宴の辞・ウェルカムスピーチ

3
12:10
プロフィール紹介

9
13:25
新郎新婦再入場
（キャンドルサービス）

10
13:40
来賓スピーチ・余興

11
14:10
祝電披露

4 12:15 祝辞

5 12:25 ウエディングケーキ入刀

6 12:30 乾杯

7 12:35 食事の開始

8 12:55 新郎新婦退場（お色直し）

12 14:15 両親への手紙朗読

13 14:18 両親への花束贈呈

14 14:20 両家代表のあいさつ

15 14:25 閉宴の辞・退場

16 14:30 お見送り

披露宴の進行

披露宴は分刻みで進行していきます。進行のポイントを紹介します。

ここでは、お昼の12時から始まり、午後2時30分に終了する、2時間半のスケジュールで組まれた最も一般的なタイムテーブルを参考に、自分たちらしい演出の加え方などを紹介しましょう。また、招待客全員に楽しんでもらえるよう、それぞれのポイントも押さえておきましょう。

0 招待客入場

新郎新婦・両家の両親で招待客を迎えることもあります。招待客が全員入場したら、両親も入場し、ここでいったん会場入口の扉を閉めます。

Point

感謝の気持ちを込めた最高の笑顔でお迎えを。また、親しい友人と話し込むようなことのないよう、あいさつ程度にとどめます。

1 新郎新婦入場（12：00）

全員が着席したところで開宴です。一礼してから歩き始めます。新郎→新婦（洋装の場合は並んで）の順で入場し、メインテーブルへ進みます。

Point

もう一度衣装に乱れがないかチェックを。また、新婦は慣れない衣装で歩きにくいため、新郎はゆっくり歩くようにしましょう。

2 開宴の辞・ウエルカムスピーチ（12：05）

新郎新婦は、メインテーブルで一礼し着席。司会者が開宴を告げ、新郎がウエルカムスピーチを行います。

3 プロフィール紹介（12：10）

媒酌人を立てる場合には、一緒に入場し、メインテーブルに着きます。媒酌人、または司会者が、新郎新婦の紹介をします。

Point
媒酌人のあいさつの間は、新郎新婦、両家の両親も起立し、あいさつが終わったら招待客に向かって全員で一礼してから着席します。

4 祝辞（12：15）

新郎側と新婦側、双方の主賓から祝辞をいただきます。（1人5分）

Point
新郎新婦は、「どうぞお座りください」などと言われない限りは、起立して祝辞を受けるのが基本。着席した場合も祝辞が終わる時には起立して一礼を。

5 ウエディングケーキ入刀（12：25）

新郎新婦がケーキにナイフを入れます。和装の場合は鏡開きにしてもいいでしょう。多くの招待客に写真を撮られる場面ですが、2人で順番に同じ撮影者を見るようにしましょう。

Point
新郎は右手でナイフを持ち、左手は新婦の腰に添えます。新婦は軽く手を添えるようにナイフを持ちます。指先をそろえると奇麗に見えます。

6 乾杯（12：30）

来賓代表者が一言あいさつをしてから、乾杯の音頭を取ります。

Point
全員が起立して行います。「乾杯」の声と共もにグラスを目の高さまで上げて、軽く一礼し、祝福を受けた後、口を付けます。

7 食事の開始（12：40）

招待客は自由に歓談しながら、食事を取ります。新郎新婦も一緒に食事を取りましょう。

Point

新郎新婦は、緊張でなかなか食事がのどを通らないかもしれませんが、なるべく楽しんで、少しでも口に運ぶようにしましょう。

8 新郎新婦退場（お色直し）（12：55）

新婦がエスコート者に付き添われて、先に退場します。少し時間をおいて新郎が退場します。

Point

再入場の前に、お色直し後の写真撮影をするのが一般的。トイレに行けるタイミングもここです。

9 新郎新婦再入場・キャンドルサービス（13：25）

新郎新婦再入場で後半がスタート。各テーブルを回りながら、キャンドルサービスをするのが一般的です。プチギフトを配りながら各テーブルを回るのも人気です。

Point

スナップ写真を撮れるタイミングは意外と少ないので、各テーブルの人たちと、記念写真を撮るチャンスです。

10 来賓スピーチ・余興（13：40）

新郎側、新婦側の来賓や友人が祝辞を述べ、余興で披露宴を盛り上げます（それぞれ5～10分程度の持ち時間で）。

11 祝電披露（14：10）

司会者が、祝電を披露します。

Point

祝電を読む順番、名前の読み方を確認し、司会者に伝えておきます。

12 両親への手紙朗読（14：15）

一般的には、新婦から両親へ感謝の気持ちを込めた手紙を朗読します。

Point

大勢の前で手紙を読むというのは、大変緊張するものですが、両親への感謝の気持ちを素直に伝えましょう。最後に新郎側の両親への言葉も忘れずに。また、あまりに負担になるようなら司会者に読んでもらっても構いません。

13 両親への花束贈呈（14：18）

両親に花束を贈ります。父親の胸ポケットへブートニアを挿すのもよいでしょう。また、花ではなく記念品を渡すカップルも増えています。

Point

新郎新婦が自分の両親に渡す、相手の両親に渡す、２人一緒にそれぞれの両親に渡すの３パターンから、どれにするか決めておきます。

14 両家代表のあいさつ（14：20）

両家の代表（通常は新郎の父親）が、出席者へ感謝の言葉を述べます。最近は新郎があいさつするパターンも増えました。あいさつが終わったら一同で礼をします。

15 閉宴の辞・退場（14：25）

司会者が、閉宴の辞を述べます。新郎新婦と両家両親は、お見送りのため退場します。

16 お見送り（14：30）

新郎新婦・両家両親は、会場スタッフの誘導で出口へ。招待客を見送ります。このときにプチギフトを渡す場合も。

Point

プチギフトを渡す場合は、新郎がプチギフトの入ったかごなどを持ち、新婦が渡すとスムーズ。新婦は両手でギフトを渡すようにします。

披露宴終了後

お礼の仕方と会場を出る前のチェック

披露宴終了後は、二次会も控えている場合が多く、何かとバタバタしてしまいますが、媒酌人や関係者へのお礼を忘れることのないようにしましょう。

媒酌人へのお礼の仕方

媒酌人へのお礼は、当日は口頭にとどめ、後日改めて媒酌人宅へ伺って謝礼を渡すのが本来の形でした。しかし最近では、媒酌人に後日また時間を取ってもらうことの負担を考え、挙式当日、披露宴の後に謝礼を渡すことが多くなっています。

あらかじめ別室を予約しておくなど、落ち着いた場所で新郎新婦と両家の両親がそろってお礼を述べ、謝礼を渡します。謝礼とは別にお車代を渡すのも忘れずに。

手伝ってくれた友人へのお礼も忘れずに

受付係や司会、撮影などを手伝ってもらった多くの友人にも、お礼も忘れずにします。お礼の言葉と共に、心付けを渡すのが一般的ですが、親しい間柄で現金を渡すことに抵抗があるようなら、親からということにして渡しても。後日新居に招いておもてなししてもよいでしょう。

会場スタッフへのお礼は、親にお願いするなどして、挙式・披露宴が始まる前、または後に渡すようにしましょう。

両親

披露宴終了後に親がすること

披露宴が終了したら、両親は招待客、媒酌人、会場スタッフ、各係をお願いした人たちへのお礼とあいさつ、そして控室や、クロークの忘れ物チェックなどを行います。本人たちは二次会も控えバタバタするので、親がきちんとチェックしてあげましょう。

お礼はタイミングを見計らって

時間の限られた中で、お礼の渡し忘れがないようにと、焦る気持ちもあるかと思いますが、相手の状況をよく見て渡すようにしましょう。歓談中や取り込み中に声をかけるのはＮＧです。一息ついたところを見計らって落ち着いてお礼をしましょう。

会場を出る前の確認のStep＊

Step 1 着替えて衣装を片付ける

会場に来たときの服装に着替えて、衣装は事前の指示に従い、返却するか持ち帰る。

Step 2 当日の支払いをする

時間の超過料金や、飲み物の追加料金など、当日精算が必要なら、事前に決めておいた方法で支払う。

Step 3 決められた時間内に会場を出る

忘れ物がないかを最後に一つずつ確認して、預けていた荷物を受け取る。次の披露宴が控えている場合もあるので、必ず時間内に出ること。

忘れ物チェックリスト

式場に忘れ物をしないよう、事前にチェックリストを作っておいて、誰が何を持ち帰るのかきちんと役割分担しておきましょう。

- □ 祝電
- □ 結婚証明書
- □ ＣＤなど
- □ 指輪ケース
- □ 芳名帳
- □ プレゼント
- □ 花束
- □ 筆記用具
- □ 席次表
- □ 引き出物の余り
- □ ご祝儀
- □ ブーケ・ブートニア
- □ カメラ類

カリスマプランナーのうまくいくコツ&テクニック

当日の支払いについて

当日は、時間がオーバーした場合の超過料金や、飲み物の追加料金を精算することがあります。事前に支払方法（現金、カード、振込みなど）と、誰が支払うのかを必ず決めておきましょう。一般的に追加料金は、そう高額になることはありませんが、その場での両家の分担を計算するのに手間取りそうなら、とりあえずどちらが立て替えておくかを決めておきます。その後、改めて精算するようにしましょう。

二次会のタイムテーブル（一般的な流れ）

一般的なタイムテーブルを参考にして、段取りよく運びましょう。
二次会から参加してくれるゲストにも楽しんでもらえるように気配りをしましょう。

1 新郎新婦入場

2 開宴の言葉

3 新郎新婦あいさつ

4 乾杯

新郎新婦へのアドバイス

カラードレスなどある程度フォーマルな衣装にするか、少し華やかなワンピースにするのかなど、二次会の衣装選びは、会場に合わせて行いましょう。新郎は、新婦に合わせるのが基本です。

二次会だからといって、ダラダラとしてしまわないように、乾杯の音頭などの結婚式らしいポイントはしっかり押さえましょう。

5 → 6 → 7 → 8 → 9

5 ビデオ上映

6 余興

7 新郎の謝辞

8 閉宴の言葉

9 新郎新婦退場

二次会から参加する人が多くいるので、披露宴で使ったビデオを流したり、作業が間に合えば、挙式・披露宴の模様を撮影したビデオを流すなど、招待客に配慮した演出を。

挙式・披露宴と緊張した時間が過ぎて、周りは親しい友人ばかりとなると、つい新郎新婦は、ハメを外してしまいがち。リラックスするのはよいことですが、あまりはしゃぎ過ぎることのないようにしましょう。

忙しい中、二次会の準備をしてくれた幹事や友人たちに、お礼を忘れないようにしましょう。招待客用のプチギフトとは別に、プレゼントを用意するか、新居へ招待してもてなすなどして感謝の気持ちを伝えましょう。

二次会での振る舞いと注意点

緊張が続いた披露宴とは違い、親しい友人たちが集まってお祝いしてくれる二次会は、リラックスできる楽しい時間。でも、美しい立ち居振る舞いやマナーは忘れないように……。

二次会を盛り上げる気配りが大切

二次会は、披露宴に招待できなかった人を中心に行うパーティーです。披露宴とは違い、新郎新婦もリラックスして過ごすことができます。

また、友人が幹事や司会進行を行ってくれるので、つい任せ切りになりがちですが、新郎新婦は招待客への気配りを忘れないようにしましょう。

二次会から来てくれた友人には、お礼の言葉を掛けて回りましょう。

余興にも積極的に参加。費用の超過は自己負担

余興が始まったら積極的に参加するようにしましょう。新郎新婦が加わると、場はより盛り上がります。また、二次会は会費制がほとんどですが、ゲームの景品代など予算をオーバーした場合は、新郎新婦が支払うのが一般的です。

また、二次会の準備などを手伝ってもらった友人へは、プチギフトなどとは別にお礼を用意するか、新婚旅行のお土産や新居に招待するなど、きちんと感謝の気持ちを伝えましょう。

両親

二次会への参加

一般的に、新郎新婦の友人を主に招待する二次会は、披露宴とは違い、より気軽なパーティーになります。誘いがなければ、特に親は出席する必要はありません。ただし、招待を受けたときは、ぜひ参加するようにしましょう。

新郎新婦

二次会費用の注意点

会社の同僚や友人が主な招待客の二次会は、気軽な立食パーティー形式が一般的。男性は7000～9000円、女性は6000～8000円の会費制が多いようです。1万円を超えない会費設定にしましょう。場所は式場から30分以内で交通の便がよいところがベストです。

二次会の確認のStep＊

Step 1 会場に入る前に身だしなみを確認し合う

衣装の乱れをお互いにチェック。笑顔で入場しましょう。入場は腕を組むなどして仲むつまじく。

Step 2 披露宴とは別のプチギフトの用意を

披露宴から引き続き参加の人にも、二次会から参加の人にも喜んでもらえるものを。

振る舞いのポイント

♥ときには新郎新婦個別に行動を

披露宴と違い、新郎新婦が常に一緒にいる必要はありません。それぞれのゲストが楽しんでもらえることが一番です。別行動をしながら、それぞれの招待客との会話を楽しみ、交流するようにしましょう。

♥余裕のあるスケジュールで

披露宴が押してしまうと、二次会までの時間がなくて焦ってしまうことも。いくら事前に準備していたとはいえ、二次会は披露宴から少し余裕のある時間設定にするようにしましょう。

♥幹事への配慮

披露宴で使った花を二次会でも使用するときなどは、２人がお願いして持っていってもらいましょう。そんな場合は、事前にタクシー代を渡すなどの配慮を。

♥しっかりと準備を

披露宴で流したビデオを二次会でも流したいなど、機材を必要とすることは事前の打ち合わせや準備が欠かせません。思い付きではせっかくの演出もかなわない場合があるので注意しましょう。

二次会あいさつ文例（新郎）

今日は、私たちの結婚式の二次会に参加してくれて本当にありがとうございます。自分は、○○と出会うことができ、こうして皆さんに結婚のご報告ができたことを本当にうれしく思っています。

ここに集まってくださった皆さんは、私たちにとってかけがえのない大切な人たちばかりです。どうぞこれからも温かく見守っていただき、変わらぬお付き合いをお願いできればと思います。今日は本当にありがとうございました。

! 二次会の Point

- 二次会からの参加者にも積極的に声を掛ける
- 費用の超過分は自己負担するつもりで
- 余興には積極的に参加する

二次会での新郎新婦の振る舞い方

楽しいパーティーにするには、新郎新婦も動き回るようにしましょう。ずっと自分たちのテーブルにいるのでは披露宴と同じになり、そばに集まってくれる友人と、そうでない友人とに分れてしまいます。全員と話すには、新郎新婦が動き回りゲストにあいさつに行くことが肝心です。

そして、同じグループのところに長くいることも避けます。一番仲のグループのところは居心地がいいのは確かですが、いろいろなグループのところへ、新郎新婦で一緒に回ったり、ときには別々に回ったりして、雰囲気を見ながら招待客全員と話すことを心掛けましょう。

やってはいけない NG マナー

ハメを外し過ぎない

友人が中心の二次会では、ついついはしゃいでしまいがちです。飲み過ぎたり、悪ノリし過ぎたりなどに注意して、節度のある楽しみ方を心掛けましょう。

5章

結婚式が終わったら 〜あいさつ&新生活〜

結婚式が終わったら、二人の夫婦としての新生活が始まります。新しいスタートを気持ちよく迎えるために、お世話になった方々へのあいさつの段取りや新生活の準備、各種届け出などを確認しておきましょう。

新生活スタートまでの段取り

新生活スタート １年～６カ月前	３～２カ月前	１カ月前
新居の準備	新居の決定	届け出
●将来設計について話し合い、新居をどうするか決める ●親と同居か別居か。別居の場合、家は賃貸か購入かなど ●新居を探す。物件が見つかったら下見をする ●沿線、間取り、賃料など希望をまとめる	●新居の決定と契約をする。入居日を決める ●旧居の片付けを始め、引っ越しの手配をする ●新居で必要なものと不必要なものに分けて、荷物の梱包を始める ●引っ越し業者数社に見積もりを依頼し、よく検討して決定する ●新居で必要な家具、家電のリストアップと購入 ●新居の間取りに合わせた家具選び。大型のものは引っ越し日に配達を指定	●役所に転出届、郵便局に転居届を出す （同一市区町村内なら引っ越し後に転居届を出せばＯＫ） ●電気・ガス・水道・電話などの諸手続きをする （各機関に、使用停止と移転の手続きをする）

引っ越し３日前～当日	引っ越し当日	引っ越し後
引っ越し準備（掃除・あいさつ）	引っ越し（搬出・搬入）	届け出
●新居の掃除 ●ご近所にあいさつをする	●荷物を搬出・搬入して新居を片づける ●荷物の搬出が終わったら、旧居の掃除をして明け渡す ●搬入がスムーズにできるように家具の配置を事前に考えておく	●14日以内に転入届と転居届（同一市区町村内であれば）を出す ●新住所の役所に届ける。国民年金や国民健康保険の住所変更の手続き、免許証の変更に必要な住民票の受け取りも同時に行う

挙式後のあいさつとお礼

新生活を気持ちよくスタートさせるためにも、これまでお世話になった方々へのあいさつやお礼状の送付は、失礼のないように早めに行いましょう。

ハネムーン後はまず両家の実家へあいさつ

新婚旅行から戻ったら、まず双方の実家を訪問してあいさつをしておきましょう。媒酌人や上司へのあいさつも大変重要ですが、お互いが両家の家族の一員になるという気持ちも、新生活を始めるに当たってとても大切です。

また、家が遠方にあるなど時間に余裕のない場合は、あらかじめ電話や手紙であいさつをしておいて、後日訪ねます。旅行のお土産を渡すのももちろんですが、早めに出向くようにしましょう。

媒酌人へのあいさつとお礼

仲人または媒酌人へのお礼とあいさつは、旅行後の初出勤までには済ませておきたいもの。事前に電話などで先方の都合を伺い、ご夫婦がそろっているときに伺うようにしましょう。

当日は、手土産と新婚旅行のお土産、結婚式の写真や旅行のときの写真などを持参します。もしも謝礼をまだ渡していない場合は、両親にも一緒に行ってもらい、あいさつをしてこの時に渡します。

両親

あいさつは両家がそろって行うのが理想

挙式当日に媒酌人への謝礼を渡していない場合など、改めて媒酌人宅へ出向く際は、両家の両親がそろって伺います。ただし、どちらかが遠方に住んでいるなど事情がある場合は、片方の両親だけ、もしくは双方の母親だけで伺っても構いません。

新郎新婦

持参する手土産の選び方

結婚後の媒酌人へのあいさつで持参する手土産の相場は、3000円前後です。和洋菓子のような誰にでも喜んでもらえるものが一般的です。
地元の銘菓などをできるだけ事前に用意しておき、訪問先の近くで買うことのないようにしましょう。

お礼の渡し方

祝儀袋は結び切りの水引で、表書きは「御礼」「寿」など。名前は両家連名が一般的ですが、本人たちが持参する場合は２人の名前にしても。手土産に祝儀袋を載せて渡します。あいさつは、式が滞りなく挙げられたことへのお礼と感謝の気持ち、今後のご指導のお願いなどを丁寧に述べます。

媒酌人へのお礼

結納から挙式披露宴までお願いした場合
20 ～ 30 万円＋お車代

挙式披露宴だけお願いした場合
10 ～ 20 万円＋お車代
（頂いたご祝儀の倍が目安）

＊両家折半が一般的。

そのほかにあいさつとお礼をしておきたい人

1 職場の上司・同僚

結婚式でお世話になったお礼と、新婚旅行で休暇をもらったことへのお詫びと感謝の気持ちを伝え、お土産を渡します。

2 各係をしてくれた友人

結婚式の司会、受付、撮影などの諸係、また二次会の幹事をしてくれた人へのお礼とあいさつも忘れずに。新居に招いてもてなしてもよいでしょう。

3 親族

結婚式の写真の焼き増し分などを届けて、お礼を伝えます。

4 会場スタッフ

特にお世話になった会場担当者などへは、礼状を送るなどしておきましょう。

カリスマプランナーのうまくいくコツ&テクニック

あいさつとお礼のポイント

各係をお願いした友人へは、親からのお礼として現金や商品券を渡すこともあるようです。お礼の相場はそれぞれ 3000 ～ 1 万円です。祝儀袋の表書きの書き方は「御礼」または「寿」として、両家連名にします。また最近では、チャペルでの挙式が多いので、挙式のみ参列してもらう場合もあります。その場合は、前もって簡単なプチギフトを用意しておきます。当日に渡すのが難しい場合は後日に手渡したり、新婚旅行のお土産を渡しても喜ばれます。

内祝いと結婚通知

内祝いと結婚通知は、挙式後1カ月以内には送付するようにしましょう。金額の目安は、頂いたお祝いの額の半額程度が一般的ですが、品物だけではなく、礼状も一緒に送ります。

内祝いの意味と表書き

内祝いとは本来、「身内でめでたいことがあったので、皆様にも喜びをお分けします」というような目的・意味がありましたが、現在では一般的に、慶事に貰ったお祝いへの返礼品とされています。

水引は、白赤の結び切り、表書きは「内祝い」または「寿」とします。名前は新しい姓かそれぞれの姓を書き、二人の姓を記入する場合には一般的に右側が男性、左側に女性の姓を記入します。

結婚通知の内容と送るタイミング

結婚通知は、披露宴に出席してくれた人への感謝の言葉や、披露宴に招待できなかった人、出席できなかった人、親族や仕事関係の人などへの結婚の報告と、今後の変わらぬお付き合いをお願いするものです。

また、引っ越し先の住所や電話番号を知らせるという目的もあります。

結婚通知は、挙式後1カ月以内には送付するよう心掛けましょう。

新郎新婦

送り先リストは挙式前に用意する

結婚通知は、なるべく早めに出すことが大切です。そのためにも挙式前から送り先リストを作っておくなどの準備をしておきましょう。印刷には通常2週間程度かかります。また新婚旅行の写真を使いたい場合は、式後すぐに手配する必要があります。

両親

結婚通知に添え書きをする

親族などへの結婚通知には、親が添え書きをするのもよいでしょう。披露宴への出席のお礼や近況、家族への気遣いなど一言書き加えます。
また、印刷されたはがきでも構いませんが、本人たちも手書きで一言メッセージを添えるようアドバイスしても。

内祝い・結婚通知の用意のStep*

Step 1 結婚通知と内祝い
挙式後1カ月以内に送るようにしましょう。

Step 2 内祝いの贈り物
内祝いは、頂いたお祝いの半額程度で、実用品を贈るのが一般的です。ただし、あまり金額にこだわるよりも相手の好みや状況に合うものを選びましょう。

Step 3 結婚通知
印刷やパソコンで作ったもので構いませんが、一言添えるとより丁寧です。

親族などへの親の添え書き例

*結構なお祝いの品を頂きまして、ありがとうございました。○○も大変喜んでおります。我が家にもぜひおいでください。

*みなさまお元気でいらっしゃいますか。披露宴の写真を持って、近々お伺いしたいと思っております。

*遠いところ、披露宴にご出席くださいまして、ありがとうございました。○○も感激いたしておりました。

! 結婚通知に書く項目と注意点

- 結婚の日時・場所・媒酌人の氏名
- 今後のお付き合いのお願い
- 新しい連絡先（メールアドレスなども）
- 2人の氏名と旧姓

*なるべく多くの方に出すのが基本ですが、あまりに疎遠な人へは、お祝いの気遣いをさせてしまうので避けます。

*結婚式・披露宴・二次会に参加してくれた人へは、手書きで一言添えましょう。

内祝いと結婚通知の注意点

内祝いは、直接持参するのが望ましいのですが、それができないようなら、送っても構いません。ただし、デパートから直接送る場合、送りっぱなしでは失礼に当たるので、礼状をあらかじめ送るようにします。また、結婚通知は目上の人に対しては、ある程度形式的な文章で送るようにしますが、親しい友人には、親しみのある文章で送ってもよいでしょう。印刷した結婚通知状の場合は、一言添えるようにすると、より丁寧です。結婚式も終わり、ちょっとゆっくりしたいところですが、きちんと最後まで物事を怠らないようにすることが肝心です。

婚姻届と各種手続き

新生活を始める前には、いろいろな手続きや届け出が必要です。必要な手続きとそれを届け出る場所や方法など、リストにしてスムーズに手続きができるようにしておきましょう。

婚姻届の提出で必要なもの

一般的には、婚姻届の届け出は新居に引っ越した後に行うことが多いようです。二人のうちのどちらかの本籍か、新居がある市区町村の役所に提出します。24時間365日受け付けしていますが、夜間や休日は専用の窓口に提出することになったり、出張所の場合は時間によっては受け付けてもらえないところもあるので注意しましょう。提出には婚姻届、戸籍謄《とう》本《ほん》または戸籍抄本《しょうほん》、二人分の印鑑が必要になります。

必要な各種手続きをリストアップする

そのほかにも各種手続きはたくさんあります。銀行や郵便局の名義変更や住所変更、クレジットカードなどの名義変更は、まず引き落としの銀行や郵便局の預貯金口座の名義変更をしてから手続きします。新居の電気、ガス、水道などの公共料金や電話料金など自動振替の手続きをして、新家庭の口座を作ることも必要となります。

現在住んでいるところから新居へ移る際には、郵便局に転居届の通知も出しておきましょう。

新郎新婦

婚姻届の証人

婚姻届には、20歳以上の成人2名に証人になってもらう必要があります。戸籍の届出で証人が必要なのは、婚姻、離婚、養子縁組、養子離縁の４種類で、民法で定められています。この4つの届け出に共通していることは、当事者の合意が重要ということです。

会社への報告

会社へは住所変更や改姓届、保険や年金などの名義や名刺の変更も必要です。新婚旅行などの休暇後1週間以内には報告を。ただ、企業によっては結婚後も旧姓が使用ができる会社も多いので、その旨を上司に相談しておくことも必要です。

婚姻届と各種手続きのStep＊

Step 1 婚姻届は24時間、365日いつでも提出できる

土日や祝日も含め、全国どこの市町村区役所でも受け付けています。

Step 2 記入漏れがないかしっかりチェック

婚姻届は書類に不備があると、その日に受理されないこともあります。日付にこだわる場合は気をつけて。

Step 3 段取りを考えて効率的に手続きを

効率よくやれば、1日で各種手続きは済みます。手続きを行う場所や時間、必要なもののリストを作りましょう。

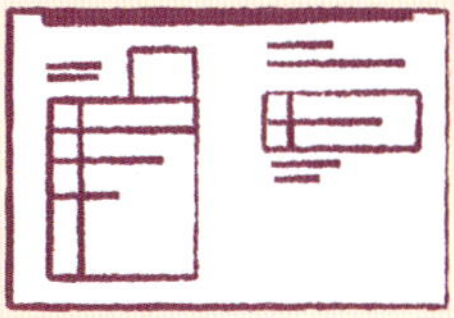

婚姻届提出の流れ

1 婚姻届を入手する
用紙は全国共通です。どこの役所で入手しても構いません。書き間違えたときのために2通もらっておくと安心です。

2 戸籍謄（抄）本を用意する
婚姻届を本籍地以外で提出する場合に必要です。本籍地のある市町村区の役所に請求します。

3 必要事項を記入する
役所に記入見本をもらえることもあるので確認を。間違いのないように記入します。

4 証人2名に署名・押印してもらう
20歳以上の証人2名が必要です。用紙の証人欄に氏名、住所などを記入、押印してもらいます。

5 婚姻届を提出する
本人確認のできる証明書がなかったり、不備がある場合には受理されないので、訂正用の印鑑を持っていきましょう。時間外に出す場合は、その場で訂正ができないので、窓口が開いている時間にチェックをしてもらいましょう。

結婚式後、すぐに海外ハネムーンに行くときは？

結婚式を挙げ、すぐに海外ハネムーンに出発する場合の届け出はどうすればいいのでしょうか。大切なのは婚姻届を提出した日から法律上の効力が発生するということです。また結婚式の日と入籍日を一致させることはできませんが、結婚式を挙げて、ハネムーンに行ってから婚姻届を出す方法もあります。しかし、この方法の場合は帰国後に速やかに婚姻届を提出し、パスポートの名義変更を行ってください。海外ハネムーンへ行くために大切なのはパスポートの氏名と航空券の氏名が一致していること。両方の氏名が異なっていると、飛行機に搭乗できないので注意を。航空券を申し込むときは、パスポートと同じ名前で申し込みましょう。

住所・姓の変更各種手続き一覧

パスポート	氏名・本籍の都道府県が変わったときに申請する。所轄（都道府県単位）の旅券窓口へ出向き、「一般旅券訂正申請書」をもらって記入。以下のものと一緒に提出すれば、パスポートの訂正ができる。発行日数は窓口によって異なるので、事前に窓口で確認しておくと安心。 ［必要なもの］ **・戸籍謄（抄）本・新住所の証明書（住民票など）・印鑑（新姓のもの）・パスポート・手数料（市区町村による）**
銀行口座	住所変更は、通帳と届け出印持参で、最寄りの銀行窓口（口座を他支店へ移したいときは、口座開設支店か移動後の支店窓口）へ。郵送にてやりとりOKの場合もあるので確認を。氏名変更は、通帳、キャッシュカード、旧姓と新姓の届け出印、戸籍抄本か住民票を持参し、口座開設支店へ。　※各行によって手続きは異なる。
ゆうちょ銀行口座	住所変更は、通帳、届け出印、新住所の証明書持参で最寄りの郵便局へ。氏名変更は、通帳、キャッシュカード、旧姓と新姓の届け出印、新氏名の証明書を持って最寄りの郵便局へ。
クレジットカード	住所変更は電話連絡かパソコンからの手続きでできることがほとんど。氏名変更は必要書類を電話で請求し、送られてきたものに記入し返送します。１～２週間後に新カードが送られてきます。
生命保険	住所・氏名変更のほか、受取人名義変更や見直しなど、結婚を機に行わなければならないことはいろいろです。詳しい内容は各社に問い合わせましょう。
運転免許証	住所、氏名、本籍が変わったときは変更手続きを。本人が新居所轄の警察署か運転免許試験場へ行き、「運転免許証記載事項変更届」をもらって記入。以下のものを添えて提出すれば、その場で変更後の免許証をもらえます。 ［必要なもの］ **・運転免許証・新住所の証明書（本籍・氏名が変わった場合は、本籍が記載された新しい住民票が必要）**

新居を探す～必要な家具・家電選びから引っ越しまで

新居探しは、少なくとも引っ越しの6カ月前から始めるようにしましょう。賃貸住宅を借りるのか、マンション・一戸建てを購入するのか、よく話し合って時間をかけて探しましょう。

物件探しは周辺環境もよく検討して

二人で決めるのは、エリア（沿線）、賃貸料（購入の場合は月々のローン返済額）、間取り、生活環境などです。二人の希望を出し合うことから始め、それらに優先順位をつけます。そのうえで、住宅情報誌やインターネットなどをチェックしたり、候補地の不動産屋を訪ねたりします。候補が絞れたら、必ず足を運びます。

室内の様子や周辺の環境を、できれば昼と夜、晴れた日と雨の日など条件を変えて確かめましょう。

挙式と引っ越しは時期をずらして

結婚式の準備と並行して、新居を探す人も多いようですが、引っ越しが挙式直前や直後などにはならないようにします。遅くとも挙式の2カ月前まで、あるいは挙式後に引っ越しをしましょう。

物件が見つかり、引っ越し日が決まったら、早めに業者を手配します。できれば数社に見積もりを依頼し、信頼できるところにお願いします。また、引っ越し前までに必要な家具、家電は購入しておきましょう。

新郎新婦

新居購入のポイント

新居は、現状だけでなく、将来の家族構成などもきちんと考えて選ぶ必要があります。また、資金計画も重要なポイント。住宅ローンや金利についてよく調べて、頭金、返済額、返済期間、名義などをよく話し合っておきましょう。

両親

子ども夫婦との接し方

子ども夫婦と同居する場合、世代も生活環境も違う人間が一緒に暮らすのですから、考え方や習慣が合わないのは当然です。自分たちの考えを押し付けてはいけませんし、子どもたちに無理に合わせる必要もありません。よい関係を維持するには、それぞれの生活を尊重することが大切です。

新居選びのStep*

Step 1 物件探しは早めに始める

挙式・披露宴の準備が忙しくなる前に新居を探すようにします。引っ越し予定の遅くとも６カ月前に。

Step 2 周辺環境もよく確かめて

部屋の外観や間取り図の写真を見ただけで決めてしまうのは厳禁です。周辺環境など、自分の目でよく確かめましょう。

Step 3 新居が決まってから家具や家電の購入を

家具は新居の間取りや広さに合わせて選びましょう。家具や家電を置く場所の寸法、高さ、コンセントの位置などきちんとチェックを。

新居選びのチェックポイント

♥予算

・賃料
家賃は、収入の３分の１以内が目安。
管理費、駐車場代も考慮する
・入居時にかかる費用
敷金、礼金、仲介手数料、日割り家賃など
・その他
契約更新料、退去時の条件など

♥場所

・通勤所要時間
・駅からの距離
・交通の便

♥室内

・間取り、広さ
・日当たり
・収納スペース
・冷暖房
・水回り（清潔感、におい、水漏れ、シャワーなどの水圧）
・壁や床の破れ、キズなど

♥生活環境

・買い物の利便性
・病院、銀行、郵便局、役所などの場所
・治安、周辺の騒音など（昼と夜に訪れてみる）
・公園、学校、保育所などの育児環境

! 家具・家電選びの Point

●新居のサイズを測っておく

部屋の縦横、天井の高さ、柱の出っ張り、コンセント・電話のアダプター、テレビやインターネットのアンテナジャックの位置、玄関や廊下の幅も測っておくと、大型家具などの搬入が可能か分かります。

●生活スタイルを決めておく

ベッドはシングル２つにするのか、ダブルにするのか、もしくは布団にするのかなど、大まかな生活スタイルを決めておきます。

●色数を抑える

家具の色がばらばらだと、落ち着かない家になってしまいます。選ぶ色数を抑えればまとまった印象の家になります。

●長く使うものはケチらない

毎日の生活に欠かせない家電やベッドなどは、多少値が張っても、使い勝手がよく、気に入ったものを選ぶといいでしょう。

家具・家電リスト

●リビング／家具

- [ ] ソファ
- [ ] クッション
- [ ] ラグ
- [ ] リビングテーブル
- [ ] テレビ台
- [ ] カーテン・ブラインド
- [ ] 電話・FAX台

●リビング／家電

- [ ] テレビ
- [ ] ビデオ・DVD・ブルーレイ
- [ ] 照明
- [ ] 電話・FAX
- [ ] 掃除機
- [ ] エアコン
- [ ] 空気清浄機

●ダイニング／家具

- [ ] ダイニングテーブル
- [ ] 椅子
- [ ] 食器棚
- [ ] ダイニングボード

●ダイニング・キッチン／家電

- [ ] 冷蔵庫
- [ ] オーブンレンジ
- [ ] 炊飯器
- [ ] 食器洗浄機
- [ ] 電気ポット
- [ ] コーヒーメーカー
- [ ] トースター
- [ ] 洗濯機

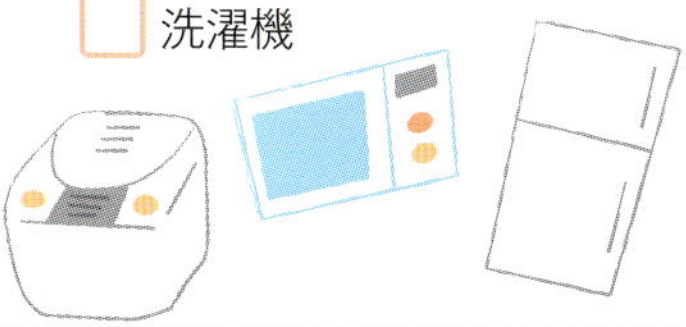

荷造りのStep*

Step 1 用意するもの

段ボール箱・クラフトテープ・ひも・はさみ・カッターナイフ・新聞紙・緩衝材・ビニール袋・軍手・雑巾

Step 2 仕分け方法

奥の部屋から、また普段使わないものから荷造りする。タンスなどは引き出しごとに段ボール箱に詰める。段ボール箱の外側には中身の内容を書いておく。また、処分するものも仕分けしておく。

Step 3 詰め方

隙間なく段ボール箱に詰める。割れものは一つずつ新聞紙などに包んでから詰める。書箱など紙類は詰め過ぎると重過ぎて運べなくなるので、小さな段ボール箱に小分けする。

引っ越しの流れ

1 新居を決める

挙式準備が慌ただしくなる前に始めましょう（1カ月～2週間前）。

2 引っ越し業者に見積もりを依頼する

引っ越し業者、数社に見積もりを依頼。

3 手続きをする

引っ越し業者と日時を決め、事務手続きを行う（10日～1週間前）。

4 荷造りをする

普段使わないものから荷造りを始める。段ボールの外側に中身が何かも記入する。

5 引っ越しの最終確認をする

引っ越しに必要なもののチェックをして、漏れがないか確認する（当日）。

6 引っ越し

挙式前なら、2カ月前には済ませたいところ。搬入の際、荷物の置き場所をきちんと指示します。

引っ越し前後のあいさつ

引っ越しの日時が決まったら、できれば2～3日前までにご近所にあいさつをしておきましょう。マンションならば、両隣と上下の部屋の4軒、一戸建てなら、両隣と裏とお向かい、お向かいの両隣の合計6軒が基本です。タオル、洗剤、お菓子など1000円程度の品を持ってあいさつに伺います。また、どちらかの両親と同居する場合は、新婚旅行から帰ってきたらすぐに、ご近所へあいさつ回りに伺います。新郎新婦と両親がそろって伺うのが基本ですが、都合がつかなければ、母親と新婦で伺いましょう。このとき、2000～3000円程度のあいさつの品を手渡します。白赤の結び切りののし紙をかけ､表書きは「寿」とします。

実家やご近所との上手な付き合い方

結婚を機に、実家や仲人、ご近所の人などお付き合いの幅は一段と広がります。それぞれのお付き合いのポイントを押さえておきましょう。

実家との付き合いはバランスよく

結婚をすると相手の親ともお付き合いが始まります。近くに住んでいれば月に一度くらいは二人で顔を出して食事をしたり、父の日や母の日にはプレゼントを持って訪問するなど、よい関係を築いていきましょう。

また、双方の実家とバランスよくお付き合いすることが大切です。盆や正月は1年おきに互いの実家を訪問するか、どちらかで分けるなど、偏ることのないようにしましょう。

仲人やご近所の人とのお付き合い

仲人や、ご近所の人とも、よいお付き合いを続けたいもの。

仲人には、お中元やお歳暮を3年は続けて贈るようにし、年賀状や暑中見舞いも忘れずに送ります。そのほか、妊娠、転勤、転居など人生の節目のときは連絡をするようにしましょう。

また、ご近所との付き合いは、大変重要です。特に子どもを持つと、地域とのつながりはより深まるので、引っ越し当初からよい関係を築いておきましょう。

両親

親子付き合いのマナー

親子になっても、マナーは大切です。子どもの家でも、突然訪問するのはNGです。連絡してから訪ねるのは最低限のマナーです。

訪問した際も、勝手に台所に入ったりするのはNG。逆に2人が訪ねてきたときは、お嫁さんに気を遣わせない配慮を心掛けましょう。

新郎新婦

地域のルール

ゴミ捨ての時間や場所など地域のルールを守るのは、最低限のマナーです。町内会や自治会などの仕事もできる限り引き受けるのが基本。都合がつかない場合は、事情を説明して、代わりにできることがないかなどの提案を自分からする配慮を。

お付き合いのStep *

Step 1 両家とはバランスよく付き合う

一方の実家にばかり頻繁に訪ねるのではなく、両家とバランスよく付き合うことを心掛けましょう。

Step 2 仲人への季節のあいさつは欠かさない

お中元、お歳暮、暑中見舞いなどは欠かさずに。出産など人生の節目にも報告をします。

Step 3 ご近所との付き合いはルールを守って

ゴミ出しなどの地域のルールはきちんと守って、笑顔であいさつを。地域との交流は積極的に。

お付き合いのポイント

●**実家**

双方の実家をバランスよく訪ね、お中元やお歳暮も同じようなものを贈るようにしましょう。父の日や母の日にはプレゼントを。

●**仲人**

お中元やお歳暮は最低でも３年は続けて贈ります。できれば結婚５年、７年など区切りのよい年まで贈りましょう。出産や転居などの節目にも必ず報告を。

●**職場**

お世話になる上司には、お歳暮やお中元を贈ります。どちらか一方ならお歳暮を贈ります。なお、会社で禁止されている場合は不要です。

●**ご近所**

ゴミ出しや掃除当番など、地域のルールは必ず守ります。町内会や自治会にも積極的に参加しましょう。

●**親同士**

年賀状などの季節のあいさつを交わす程度が一般的です。お中元やお歳暮は贈る必要はありませんが、いただいた場合は同等のものを贈ります。

マンションなどで気をつけたいマナー

マンションなどに住む場合、エレベーターや階段、廊下、中庭などの共有スペースでは、特にマナーを守りましょう。自宅の玄関ならゴミを散らかしはしないのに、共有スペースとなると、つい気が緩みがちです。自分が出したゴミでなくても目についたものは拾って捨てるくらいの心掛けを。 そのほか、共有の廊下に個人的なものを置いてしまうと通行の妨げになります。店屋物の食器類などは引き取りにくるまでは室内に置いておきましょう。開放廊下などでは、あまり大きな声だと人の話し声も一つの騒音になります。訪問客を見送ったり、子ども連れでの外出時には特に注意しましょう。

ハネムーンのプランニングとマナー

挙式後すぐに新婚旅行に出発する場合は、現地の気候を確認して、それに適した服装を用意します。直前に慌てないように早めに準備をしておきましょう。

楽しい旅行は相手への気遣いから

新婚旅行でけんかをしてしまっては、台なしです。旅行中は普段よりも相手を思いやる気持ちを忘れないようにしましょう。

そのためにも疲れやストレスをためないような、余裕のあるスケジュールで楽しむことが大切です。行きたいところは多数あるでしょうが、予定の詰め込み過ぎはNGです。特に到着した日は、長時間の移動と時差などで体調を崩しがちです。のんびり休めるプラン作りを心掛けましょう。

お土産はリストを作って漏れのないように

新婚旅行のお土産は、親や兄弟、友人だけでなく、仲人や職場の上司、同僚、親族など、挙式・披露宴でお世話になった人に贈るのがマナーです。漏れがあっては大変なので、出発前に必ずリストを作っておきましょう。

万が一、リストに漏れがあったときのためにも、お土産は少し多めに買っておくと安心です。

また、置物や人形など、もらった側が置き場所に困るようなお土産は避けた方が無難です。

新郎新婦

休暇を取れる時期と日数

お互いのスケジュールをよく考えて、いつごろにどのくらいの期間で休暇が取れるのかを確認し合います。職場などに迷惑をかけない程度にプランを組みましょう。また、行きたい場所によってハイシーズンがバラバラなのでよく調べて確認を。

両親

聞かれてもお土産のリクエストはNG

新婚旅行は、本人たちが楽しむのが一番。何が欲しいか聞かれたとしても、お土産のリクエストをするのはNGです。旅先で指定された物を探すのは、案外骨の折れるものです。「探すのは大変だから、いいのよ」という気持ちでいるようにしましょう。

新婚旅行確認のStep＊

Step 1
忘れ物のないように持ち物リストを作る

持ち物リストは旅行へ出発する前のチェックのためにも必要ですが、それがそのまま、帰りの忘れ物チェックリストにもなって便利です。

Step 2
余裕のあるスケジュールで

疲れやストレスをためないためにも、予定の詰め込み過ぎはNGです。

Step 3
漏れのないようにお土産リストを作る

挙式・披露宴などでお世話になった人をリストにして、買い忘れのないようにします。名前の横に予算や品物を書いておくとスムーズです。

持ち物リスト

●書類・お金など

- □ パスポート
- □ ビザ（必要な場合）
- □ 航空券
- □ ツアーの必要書類
- □ 旅行クーポン
- □ 海外旅行保険証
- □ 現金（円・現地通貨）
- □ トラベラーズチェック
- □ クレジットカード
- □ 連絡先リスト（現地日本大使館、旅行代理店など）
- □ 国際免許証
- □ 国際予防接種証明書（イエローカード、必要な場合）

●日用品

- □ 着替え、下着
- □ パジャマ
- □ 室内履き
- □ 洗面用具
- □ 化粧品
- □ ひげそり
- □ 常備薬、救急セット、マスク
- □ 生理用品、避妊具
- □ 帽子、サングラス
- □ 日焼け止め
- □ 雨具
- □ 水着（必要な場合）
- □ セミフォーマルウェア、靴（必要な場合）

●その他

- □ ガイドブック、地図、会話集など
- □ カメラ、ビデオ
- □ 乾電池、充電器、バッテリー
- □ 変圧器、アダプター（プラグ）
- □ 電卓
- □ 筆記用具
- □ 裁縫セット
- □ 虫よけスプレー
- □ お土産リスト

6章

結婚にかかるお金を管理する

結婚にかかる費用は、きちんと管理しないでいると、とんでもない金額になることもあります。意外な節約ポイントや、出費のタイミングなどを確認しておきましょう。

予算管理シート

「予定額」の欄にそれぞれの項目の予定金額を記入し、「決定額」の欄に実際にかかる金額を記入します。細かく見比べることで、どこに費用がかかっているのか、節約できる項目はないかなどを確認することができます。予定との差額を少なくできるように、しっかり管理してチェックしていきましょう。

項目	予定額	決定額	備考
料理・飲み物			
料理	円	円	
お子様料理	円	円	
飲み物	円	円	
ウエルカムドリンク	円	円	
生ケーキ	円	円	
デザートビュッフェ	円	円	
小計①	円	円	
会場			
披露宴会場使用料	円	円	
控室料	円	円	
小計②	円	円	
挙式			
挙式料	円	円	
フラワーシャワー	円	円	
小計③	円	円	
演出			
司会者	円	円	
キャンドルサービス	円	円	
ピアノ使用料	円	円	
スクリーン使用料	円	円	
プロジェクター使用料	円	円	
音響・照明	円	円	
プロフィールビデオ	円	円	
エンドロール	円	円	
小計④	円	円	

項目	予定額	決定額	備考
会場装飾・装花			
会場装花	円	円	
ブーケ・ブートニア	円	円	
お色直し用ブーケ·ブートニア	円	円	
贈呈用花束	円	円	
小計⑤	円	円	
引き出物			
引き出物	円	円	
引き菓子	円	円	
紙袋	円	円	
プチギフト	円	円	
小計⑥	円	円	
衣装・美容			
新婦　衣装①	円	円	
衣装②	円	円	
小物代	円	円	
髪飾り	円	円	
ドレス用インナー	円	円	
ヘアメイク	円	円	
着付け	円	円	
介添え	円	円	
リハーサルメイク	円	円	
新郎　衣装①	円	円	
衣装②	円	円	
小物	円	円	
ヘアメイク	円	円	
着付け	円	円	
小計⑦	円	円	

項目	予算額	決定額	備考
ペーパーアイテム			
招待状	円	円	
切手代	円	円	
筆耕代	円	円	
席札	円	円	
席次表	円	円	
メニュー表	円	円	
小計⑧	円	円	
写真・映像			
フォーマル写真	円	円	
スナップ写真	円	円	
焼き増し	円	円	
別撮り	円	円	
ビデオ・DVD 撮影	円	円	
小計⑨	円	円	
中計	円	円	
サービス料	円	円	
小計①～⑨	円	円	
消費税	円	円	
合計 A	円	円	
お礼・心付け			
遠方者宿泊	円	円	
遠方者交通費	円	円	
仲人への謝礼	円	円	
スタッフへの心付け	円	円	
諸係へのお礼	円	円	
お車代	円	円	
小計⑩	円	円	
A ＋⑩ 合計 **（挙式・披露宴合計額）**	**予定額** **円**	**決定額** **円**	

結婚式にかかる費用の相場

結婚にかかわるさまざまな費用の目安となる金額を一覧にしました。
これを参考にしっかりと計画を立てましょう。

挙式・披露宴にかかる費用		
挙式	キリスト教式	10万～25万円
	神前式	5万～25万円
	人前式	0～25万円
	仏前式	5万～10万円
	海外挙式（挙式のみ）	10万円～50万円
結婚指輪（2人分）		10万～30万円
衣装レンタル	新婦・式服	20万円前後～
	新郎・式服	10万円前後～
和装小物一式		4万円～
洋装小物一式		3万円～
ドレス持ち込み料（1着）		1万～3万5000円
ブーケ・ブートニア（1セット）		2万円～
ブライダルエステ		3万円～
ヘアメイクリハーサル		1万～3万円
美容・着付け（新婦・1着）		2万～7万円
新郎着付け（和装）		1万円～
婚礼用下着（新婦）		1万円～
新婦介添人		1万～3万円
装花一式		10万円～
シャンパンタワー		4万円～
ウエルカムドリンク		500円～
料理（1名）		1万円～
飲み物（1名）		2000円～
生ケーキ		3万～10万円
デザートビュッフェ（1名）		1000円～
贈呈用花束（1名）		5000円～
音響・照明		3万円～
招待状（1部）		400円～
筆耕料		150円～
席次表（1部）		500円～
席札（1部）		200円～
メニュー表（1部）		150円～
芳名帳（1部）		2000円～
プロの司会者		6万～10万円
フォーマル撮影（1カット）		2万円～
スナップ写真（アルバム仕上げ）		12万円～
写真焼き増し（1枚）		5000円～
ビデオ撮影		8万円～
引き出物・引き菓子（1名）		3000～6000円
引き出物用紙袋（1枚）		300円
引き出物持ち込み料（1点）		300～500円

●挙式・披露宴・披露パーティーの平均総額　356万7000円 / ゲスト平均数 69.2人

『ゼクシィ 結婚トレンド調査 2011 首都圏版』（リクルート）調べ

結婚・結納にかかる費用	
両親へあいさつするときの手土産	3000 ～ 5000 円
婚約記念品　（男性から女性へ）	20 万～ 40 万円
婚約記念品　（女性から男性へ）	10 万～ 15 万円
結納品（関東）　9 品目	1 万～ 5 万円
7 品目	1 万 7000 ～ 3 万円
5 品目	1 万～ 1 万 5000 円
結納品（関西）　9 品目	3 万～ 20 万円
7 品目	2 万～ 10 万円
結納金	50 万～ 100 万円
結納返し	10 万～ 50 万円
受書セット	7000 ～ 8500 円
家族書・親族書	500 ～ 2000 円
祝い膳（1 人分）	5000 ～ 2 万円
結納パック（両家合わせて 6 人の場合）	15 万円
仲人へのお礼	20 万～ 30 万円
お酒肴料	1 万～ 2 万円
お車代	1 万～ 3 万円

お礼・お心付け・お車代

相手	金額	渡すタイミング
媒酌人		
披露宴のみ	10 万～ 30 万円	披露宴後
お車代	1 万～ 3 万円	
司会者		
知人	2 万～ 3 万円	披露宴後か後日
（司会料以外）プロ	3000 ～ 1 万円	披露宴後
美容師　担当者	3000 ～ 1 万円	準備前
宴会場スタッフ		
責任者	1 万～ 3 万円	挙式前、責任者があいさつに来たとき
介添人	3000 ～ 1 万円	挙式前か披露宴後
カメラマン		
知人	1 万～ 3 万円	披露宴後か後日
（撮影料以外）プロ	3000 ～ 1 万円	披露宴後
主賓ほかのお車代	距離に応じた金額	

ここに注意！節約のポイント

どんな挙式・披露宴をするにしても、無駄な出費は押さえて、かけるべきところにお金をかけたいものです。挙式から披露宴まで、節約のポイントをきちんとチェックして予算組みをしていきましょう。

節約とは無駄を省くこと

節約することとケチることとは違います。大切なのは無駄な支出を省くこと。お金がないからといって、安っぽい式にはしたくないものです。結婚費用を節約しつつ、結婚式のクオリティーを下げないポイントを見つけて、自分たちらしい結婚式にしましょう。

まずは、結婚費用の節約を考える前に結婚資金がどれくらいあるのかを把握します。また特典などを調べて、利用することもワンランク上の結婚式を挙げるコツです。

節約のカギは見積もりのチェック

結婚式の会場をどこにするのか決めるとき、比較検討の参考の一つにするのが、各会場が出してくれる見積書です。

初めて目にする結婚式の見積書には、見慣れない言葉の項目も多く、また相場が分かっていないと、見積もりに書かれている金額が高いのか安いのかも分かりづらいかもしれません。

見積書に不明点があれば、必ず納得するまで説明してもらいましょう。

新郎新婦

自分たちの考えをしっかりと

会場側もいろいろな提案をしてくれます。しかし、節約を考えているのなら、会場側の意見を聞き、よく内容を検討しましょう。また、パック料金に含まれる料理や装花は一番低いランクのものがほとんどです。追加料金を考えて、きちんとプランニングしましょう。

両親

親の同席

挙式・披露宴のプランニングの際、親も同席して費用などの説明を受けることがあります。親としては、料理や装花のランク決めなどで、少しでもいいものをと費用が高い方を勧めがちです。どの程度の費用負担をするかにもよりますが、予算を考えたアドバイスを心掛けましょう。

賢い節約ポイント

1 人前式なら会場選びも独創的に

挙式は、専門式場やホテルで行うものと決まっているわけではありません。特に人前式を考えているなら、会場選びも枠にとらわれず、費用を抑えられるような会場も検討しましょう。公共施設を利用したり、2人の思い出が詰まった、街のレストランやカフェでもよいでしょう。アウトドア派には海辺などでも可能。ただし、使用するための申請や交渉などをすべて自分たちで行う必要があります。

2 狙い目はオフシーズン

春や秋は結婚式のオンシーズンです。当然料金も高くなるので、同じ会場で式を挙げるならオフシーズンの夏や冬が狙い目。オンシーズンとオフシーズンでは、料金がかなり違ってきます。ただし、年末年始や夏休み期間などは、招待客にも交通費や宿泊費、連休の予定など負担がかかることも考慮して決めましょう。

3 こだわらないなら仏滅を選んでも

六輝にこだわらないのであれば、仏滅に結婚式を挙げれば、会場では仏滅割引をしているところもあるため、費用が安くなることがあります。ただし、この場合は、親に必ず事前に相談するようにしましょう。親世代や、親族の中には六輝を気にする人が多いということを忘れずに。

4 衣装の「持ち込み」を検討する

会場で用意できる衣装の中からは、気に入ったものが見つからない場合もあるかもしれません。持ち込みまで考えれば、選べる範囲も広がります。最近では「持ち込み料」を負担してくれる貸衣装店もあるので、「持ち込み」にかかる費用と衣装代、持ち込み後のアイロンや検品などの取り扱いなど比較検討して考えてみましょう。ただし、会場によっては持ち込みが完全に不可の場合もあるので確認をしましょう。

5 ペーパーアイテムを手作りする

招待状や席札、席次表、メニュー表など、結婚式に必要なペーパーアイテムはさまざま。費用は、1人分が数百円などと見積もりに記載されているものの見落としがち。招待客が多ければ、かなりまとまった費用になります。最近ではインターネットなどでペーパーアイテムを手作りするための方法が詳しく紹介されていたりするので、時間に余裕があるなら、自分たちで作ることも可能です。何よりもゲストに手作りの温かさを感じてもらえるので考えてみる価値があります。(P.160 ~ 163 参照)

6 各会場の特典や特別プランをチェック

ブライダルフェアに参加して、当日に成約すると、引き出物や衣装代が割り引きになったり、挙式当日の室料が無料になるプランなど、かなりお得な特典が付いてくる会場も多くあります。確認を取って利用しましょう。そして会場へ行く前に、希望の日取りや招待客数、予算など最低限の事柄だけでも、2人でよく話し合って決めておきましょう。

7 引き出物選びも「持ち込み料」との検討を

会場側が用意できるものの中に、気に入った引き出物がない場合は、どこかほかのお店で探す必要があります。持ち込む場合は「持ち込み料」がかかりますが、最近では、衣装と同じで「持ち込み料」を負担してくれるお店も多くあります。「持ち込み料」を含めてよく検討してみましょう。

8 料理の形式を検討する

結婚式の料理は、ほとんどがコース料理になっているため、スタッフが一皿ごとに運んでくるのが一般的な形式ですが、「着席ビュッフェスタイル」のプランがある会場も。会場側の人件費がかからない分、費用は安くなることもあります。また、料理のランクによって見た目に差が出にくいのも、このスタイルのメリットです。ただ、後で取りに来る人は、料理の量や種類が少なくなってしまうなどの差が出てしまいます。

カリスマプランナーのうまくいくコツ&テクニック

節約ポイントは自分たちのものから

ゲストはあくまでも招待客です。2人が節約をしても、ご祝儀の金額は変わりません。節約をするのであれば、ゲストの方へのおもてなしアイテムや費用ではなく、自分たちのものからということを心掛けましょう。

見積もり以外の出費

結婚式の準備を進めていくと、見積もり以外の支払いも必要になります。どのような場面で見積もり以外の出費があるのか知っておきましょう。

各支払いのタイミングと金額の目安

	見積もり以外の項目	目安金額
衣装持ち込み料	会場により異なる	会場に確認しておく
招待状発送	切手代金 （筆耕を利用すればその代金も）	1通　約130円
手作りアイテム	ペーパーアイテムを手作りした場合の材料費など	アイテムによる
結婚指輪	購入代金	2人分　約20万円
ブライダルエステ	エステ料金	コースによる
心付け	会場の各係への心付け、 お礼など	約5万～10万円
結婚報告はがき	はがき代、製作費	約1万円
新居契約	敷金、礼金、仲介手数料、 家賃	約60万円
新生活準備	家具、家電などの購入	必要なものによる
新婚旅行	申込金を含めた2人分の総額	約55万円 （旅行内容による）
写真焼き増し	焼き増し枚数の金額	枚数による
新婚旅行	お土産代	約10万円

当日の支払い

追加注文したドリンク代や、時間の超過料金などは当日精算になることもあります。事前に支払うタイミングを確認しておくと安心です。また、当日の精算も、支払い方法やどちらが払うのかなどをあらかじめ話し合って決めておけば、慌てずに済みます。

キャンセル料の目安

結婚を白紙に戻すことも、招待客のキャンセルも絶対にないとは言い切れません。ここでは、挙式披露宴までの日数で異なるキャンセル料の目安を知っておきましょう。

【首都圏のキャンセル料の一例】

解約日 （挙式披露宴までの日数）	金額
179 ～ 150 日前まで	申込金の全額＋実費
149 ～ 90 日前まで	見積もり金額の 20%＋実費
89 ～ 60 日前まで	見積もり金額の 30%＋実費
59 ～ 30 日前まで	見積もり金額の 40%＋実費
29 ～ 10 日前まで	見積もり金額の 45%＋外注解約料＋実費
9 日前～前日まで	見積もり金額の 45%＋外注解約料＋納品済み物品代金
挙式披露宴当日	見積もり金額の 100%（サービス料除く）

新郎新婦

当日出席できなくなった招待客の料金

最終確認人数確定後の変更や、当日急に欠席になった招待客にかかわる料理、引き出物などのキャンセル料は各会場によって、その取り扱いは異なります。事前に必ず確認しておきましょう。

延長料金の金額

多少の延長は大目に見てくれる会場がほとんどですが、30 分を超える辺りから料金がかかるようです。会場により金額は異なりますが、30 分ごとに 3000 ～ 5000 円が相場。プロの司会者や演奏者に依頼している場合は、その分もかかるので注意。

7章

結婚のあいさつ＆手紙文例

両親へのあいさつから式当日、新生活スタートまでに新郎新婦が行うあいさつや、送る手紙は意外と多いもの。さまざまなシチュエーションに対応できる文例を紹介します。

披露宴の媒酌人をお願いするときの手順

媒酌人の人選は、本人たちをよく知っている人が望ましいです。一般的に媒酌人は男性側の勤め先の上司や学校時代の恩師、親族や両親の知人などにお願いすることが多いようです。

依頼するときのポイント

媒酌人をお願いするときは、まず手紙か電話で依頼をし、相手の意向を伺います。先方の承諾を得られたら、直接出向き、正式に依頼します。どちらか一方としか面識がないという場合は、相手の人柄や婚約までの経緯を説明して、理解してもらうようにします。

媒酌人は列席者に対して新郎新婦を紹介するのが慣例ですから、二人の履歴書や身上書を渡しておきましょう。

依頼は結婚式が決まったらすぐに

媒酌人を依頼する際には、結婚式の日取りを決める前に意向を伺い、もしかしたら断られるかもしれないということも念頭に置いて行動しましょう。断られた場合に慌てることのないように、早めの依頼が必要です。

また、親しい間柄の人にお願いする場合でも、手紙での依頼は、きちんと形式を踏まえた丁寧なものを送るのがマナーです。

両親

人選での親の役割

媒酌人を選ぶ際の親の役割は、まずは、婚礼を迎える新郎新婦に、大切なお願いをするのにふさわしい人を検討させることです。もし、新郎新婦の交友関係に該当する人物が見つからない場合には、両家とかかわりのある人の中から、ふさわしい人を選びましょう。

新郎新婦

依頼するときの心構え

媒酌人選びは、親しくしている人なら誰でもよいというわけではありません。また、頼まれる側にとっても、婚礼の場に立ち会うということは、時間的にも精神的にも、大変な負担を伴うものです。媒酌人を依頼するときは、礼を尽くして、丁寧にお願いすることが大切です。

新郎から上司に媒酌人をお願いする場合

拝啓
　秋晴れの心地よい季節となり、○○様におかれましては
ご健勝のこととお慶び申し上げます。
　さて、このたび私は○○　○○さんと結婚することになりました。
結婚式および披露宴は平成○○年○○月○○日に執り行う予定です。
　つきましては、○○ご夫妻にぜひ私たちの媒酌人を
お引き受けいただきたいと存じます。
　このようなお願いをするのは、仲むつまじく暮らしておられる
お二人のお姿が、私たち二人にとって理想の夫婦像に思えるからです。
　近々、二人で御挨拶に伺わせていただきたいと思っております。
　どうぞ私どもの願いをお聞き届けいただきますよう
よろしくお願い申し上げます。
　末筆ながらますますのご多幸のほどお祈り申し上げます。
敬具
平成○年 10月○○日
○○ ○○（新郎氏名）

新郎から２人の恩師にお願いする場合

拝啓
　清秋の候、○○先生におかれましては
ますますご健勝のこととお慶び申し上げます。
　さて、突然ではございますが、私この春に結婚することになりました。
相手は先生もご存じの○○ ○○さんです。
　昨年のクラス会での再会が切っ掛けとなり結婚する運びとなりました。
　つきましては、私たちの共通の恩師である○○先生に、
ぜひとも私たちの挙式披露宴の媒酌人をお願いいたしたく、
お手紙を差し上げる次第でございます。
　後日、二人で改めてお願いにお伺いするつもりですが、
まずは御内意のほど、書中にてお伺い申し上げます。
　何とぞお引き受けいただきますようによろしくお願い申し上げます。
敬具

平成○年 10月○○日
○○ ○○（新郎氏名）

※下線部は、実際の文面には記入しません。

招待状の文例とマナー

招待状は挙式のスタイルによって文面が違ってきます。二人で手作りを考えている場合は、間違いのないよう気をつけましょう。

文面は挙式スタイルによって適切なものを

挙式にも招待客全員に参列してもらうかどうかによって、招待状の文面は変わってきます。人前式や全員を招く挙式の場合には、本文内に挙式への参列をお願いする一文を入れるようにしましょう。

神前式など、親族や一部の人だけが参列する挙式の場合は、本文は披露宴の招待のみで、挙式に参加してもらう人へは付せんを入れます。事前に挙式への参加をお願いする人をピックアップしておくと、作業がスムーズです。

差出人の名前の書き方と招待状の出し方

招待状の差出人の書き方は、新郎新婦本人の名前、新郎新婦両家の親の名前、本人たち二人と親の連名のどれかになります。

「主賓」などの大切な招待客については、できれば招待状を持参し、結婚の報告をしたうえで、手渡しでご臨席をお願いしましょう。どうしても郵送になってしまう場合は、「本来であれば持参してお願いすべきところ、略儀ながら書中にてご案内申し上げます」と、手書きで一筆書き添えます。

新郎新婦

招待状に必要な内容

●挙式・披露宴の案内状
日時・場所・媒酌人名（立てる場合）・返事の期限

●返信はがき
宛名を書き、切手を貼っておく

●会場の地図
会場までのアクセスや駐車場の有無を記載

●付せん（メッセージカード）

招待状作成のポイント

●句読点は付けない
「区切る」を意味するため。代わりに一文字空ける

●忌み言葉を使わない
「返す」「重ね重ね」など

●付せんの活用
知らせたい事柄や、その人にだけ伝えたいことがあるときなどは、付せん（メッセージカード）を利用しましょう。

差出人が親の場合

謹啓
青葉の候　皆様には益々ご清栄のことと心よりお慶び申し上げます
このたび
　　　　○○ ○○（新郎父）　次男　○○（新郎）
　　　　○○ ○○（新婦父）　長女　○○（新婦）

の婚約相整い結婚式を挙げる運びとなりました
つきましては　幾久しくご厚情を賜りたく
お披露目も兼ねまして心ばかりの祝宴を催したいと存じます
ご多用中誠に恐縮ではございますが
何卒ご光臨賜りますよう　お願い申し上げます
敬具

記
日　時：　○月○○日
披露宴：　16：00
会　場：　マリアージュ
東京都港区南青山○○
TEL：03-○○○○-○○○○

お手数ながらご都合のほど○月○日までにご一報くださいますように
お願い申し上げます。

平成○年6月吉日
○○ ○○（新郎父氏名）
○○ ○○（新婦父氏名）

※下線部は、実際の文面には記入しません。

両親への手紙と謝辞

両親への手紙の長さは、600〜800字程度です。声に出して読んでみて1分半〜2分が目安。基本文例の流れに沿って書けば、まとまりやすくなります。最後に相手の両親への言葉も忘れずに入れましょう。

両親への手紙のポイント

披露宴の終盤に、両親への感謝の気持ちをつづった手紙を読みます。新婦が両親に宛てた手紙を読むことが一般的ですが、新郎一人でも、新郎新婦がそれぞれ読んでも構いません。両親に対して最も感謝しているエピソードなどを交えて手紙にしましょう。

エピソードを交えると、両親にそのころを思い出してもらえ、より感慨深い手紙になります。最後に相手の両親への言葉も忘れずに。

忌み言葉を入れないなどルールを守って

謝辞とは、披露宴で参列いただいた皆様に対してのお礼の言葉です。新郎新婦の謝辞、父親の謝辞など、すべての謝辞に共通していえることは、参列していただいた人たちに感謝の気持ちを伝えることが大事ということです。

謝辞を述べる際には、忌み言葉といわれる、「別れる」「分れる」「切れる」などは使用しないのがマナー。新郎新婦と両家の縁が末永く続くように、縁起を重んじて内容を考えましょう。

新郎新婦

新郎本人が謝辞を述べる場合

最近では、新郎本人が謝辞を述べることが一般的です。こういった流れは、年配の人には違和感がある場合もあります。新郎はそういった方への配慮も忘れずに、けじめを守り、あまりくだけ過ぎた謝辞にならないよう気を付けましょう。

両親

謝辞を述べる順序

新郎の父親が代表して謝辞を述べる場合は、最初に主賓の方への感謝から述べるのが一般的です。またお見合い結婚であった場合は、媒酌人の方への感謝の言葉から始めても。新郎に代わって感謝の言葉を謝辞として述べるわけですから、列席者の方々へも感謝の言葉を忘れずに。

新婦からの両親への手紙

参列者への断り

皆様、本日は長い時間お付き合いいただきまして、ありがとうございました。この場をお借りして、私から両親へ感謝の手紙を読ませていただくことをお許しくださいませ。

両親への呼びかけ

お父さん、お母さん、今日まで私を大切に育ててくれて、本当にありがとうございました。今までたくさん心配かけてきたけど、今日、私はこうして、○○さんと結婚式を挙げることができました。

エピソード

お父さん、私が小さいころ、仕事で疲れているときでも休みの日には、遊園地やプールなど、いろんな所に連れて行ってくれたね。ときには厳しいこともあったけど、いつも私のことを一番に思っていてくれたやさしいお父さんが私は大好きです。

お母さん、家事と仕事の両立で大変だったのに、私が仕事で遅くなると、いつも起きて待っててくれたね。学生時代はお母さんに反抗してばかりで本当にごめんなさい。でも、いつも私のことを心配してくれてるお母さんが、私は大好きです。

感謝の気持ち

こんなすてきな両親を持つことができて私は幸せでした。

今まで本当にありがとうございました。

新生活への抱負

これからは、○○さんと二人で、幸せな家庭を築いて、親孝行をしていきたいと思います。

結びの言葉

○○さんのお父さん、お母さん、これからは、○○さんと協力しながら、二人で温かい家庭を築いていきます。ふつつかな私ですが、どうぞよろしくお願いします。

新郎からの謝辞

参列者へのお礼

本日は、お忙しい中、私どもの披露宴にご列席いただきまして、誠にありがとうございました。

祝辞へのお礼

また、たくさんの祝福と励ましのお言葉をいただきまして、心から御礼申し上げます。こうして皆様に祝福されながら、二人で新しい生活をスタートできることは私たちにとって大きな喜びです。

２人の出会いと現在の心境

○○とは友人の○○君の紹介で出会いました。○○は出会ったころと変わらない明るい笑顔でいつも私を支えてくれています。そんな○○を妻として迎えることができたことを誇りに思い、また、今日という日を迎え、生涯をかけて大切に守っていくと決心を新たにいたしました。

新生活への抱負

これからは、今日皆様の前で結婚を誓った言葉、そして皆様からいただきました、たくさんの温かいお言葉を胸に刻み、二人で幸せな家庭を築くよう努力してまいります。

指導のお願い

未熟な私どもではございますが、これからも皆様の変わらぬご指導、ご支援を賜りますよう、よろしくお願い申し上げます。

結びの言葉

最後になりましたが、皆様のご健康とご多幸をお祈りいたしまして、私のあいさつとさせていただきます。

本日は、誠にありがとうございました。

二次会のあいさつと招待状の文例

二次会のあいさつのころには、列席した友人たちも本人もリラックスしています。お酒も入っているので、あまり堅苦しくならず、列席者に感謝の気持ちを伝えられれば十分です。短めのスピーチで結ぶようにしましょう。

二次会の新郎あいさつ　文例①

とても楽しい二次会を開いていただき、ありがとうございました。
今日は朝から私も○○も、挙式・披露宴と、緊張のし通しでしたが、こうして気のおけない皆さんに祝っていただき、心から楽しい時間を過ごすことができました。
本当にありがとうございました。

あまりの緊張で、お恥ずかしいことに○○の花嫁姿をよく覚えていないくらいですが、後でビデオを見て、○○の花嫁姿をじっくり見て、もう一度、○○に惚れ直したいと思います。
皆さんからの楽しいメッセージ、心温まるスピーチ、本当にありがとうございました。二次会の幹事を引き受けてくれた○○くん、司会をしてくれた○○さんに心からお礼を申し上げます。皆さんが今日ここに集まってくれたことは一生忘れません。これからは皆さんが気軽に遊びに来られる、そんな温かい家庭を作っていきたいと思います。ありがとうございました。

二次会の新郎あいさつ　文例②

みなさん、今日は、遅い時間からのパーティーにもかかわらず、僕たちの結婚式の二次会に参加してくれて本当にありがとうございます。披露宴のときにはかなり緊張していましたが、仲のいいみなさんに囲まれて、一気に気持ちが軽くなってきました。

自分でも正直なところ、○○と出会うことができ、最高に幸せな人間ではないかと、今は嬉しくて仕方ありません。出会ってすぐに転勤したため、1年間遠距離恋愛だったのが幸いしたのかもしれません。口べたな僕が、毎日会うことのできる環境だったら、飽きられたかもしれませんが、月に2回も会えなかったので、会ったときには話したいことがたくさんあって、自分でも驚くほどよく話していましたので。これからもそんな笑顔と会話の絶えない家庭を2人で築いていけたらと思っています。

今日、ここに集まってくださった皆さんは、僕たちにとって、かけがえのない大切な人たちばかりです。どうぞこれからも、僕たちのことを温かく見守っていただき、変わらぬお付き合いをお願いできればと思います。今日は本当にありがとうございました。

2人から二次会招待状（会費制）

出会って○年経つ○○○○年に
私たちは結婚することになりました
私たちの新しい門出を皆様に見守って
いただきたく　ささやかながら
パーティーを催します
ぜひお越しくださいますよう
ご案内申し上げます
皆様にお会いできるのを
楽しみにしております
平服でご出席くださいますよう
お願い申し上げます

日時：平成○年○月○日（日）　18：00 ～
会場：レストラン○○　東京都渋谷区○○
　　　TEL　03- ○○○○ - ○○○○
会費：男性 8000 円　女性 6000 円

○○ ○○（新郎氏名）
○○ ○○（新婦氏名）

お手数ですがご都合のほどを○月○日までに
お知らせください

幹事から二次会招待状（会費制）

この度　○○○○君と○○○○さんが
結婚されることとなりました
つきましては　私たちでお二人を祝う二次会を催したいと思います　ご多用とは存じますが　是非ご参加くださいますようにここにご案内申し上げます

日時：平成○年○月○日(日) 21:00 ～
会場：BAR ○○
　　　東京都渋谷区○○
　　　TEL　03- ○○○○ - ○○○○
　　　会費：男性 8000 円　女性 6000 円

幹事　○○ ○○
　　　○○ ○○

お手数ですがご都合のほどを○月○日までにお知らせください

入籍後のお披露目パーティーの招待状（会費制）

秋風を感じる今日この頃　お変わりなくお過ごしでしょうか
さて　私たちは○月○日に入籍をいたしました
つきましては　ささやかながら結婚披露のパーティーを催したいと存じます
お忙しいところ恐縮ではございますが　ぜひご出席頂けますようご案内申し上げます
尚　当日は立食・会費制にさせて頂きましたので　ご祝儀などのお心遣いはなさいませんよう
お願い申し上げます

日時：平成○年○月○日（日）
　　　受付　17：30 ～　開始　18：00 ～
会場：○○ホテル　○階　スカイラウンジ○○　東京都渋谷区○○
　　　TEL　03- ○○○○ - ○○○○　http:// ○○○○
会費：15,000 円

○○ ○○（新郎氏名）
○○ ○○（新婦氏名）

お手数ですがご都合のほどを○月○日（火）までにお知らせください

※下線部は、実際の文面には記入しません。

結婚通知の文例

結婚通知は、披露宴に招いた方々へのお礼と、披露宴に招くことができなかった親しい人や友人には、自分が結婚したことを報告するとともに伴侶を紹介するものです。

結婚通知　文例①

拝啓
　時下益々ご清祥のこととお慶び申し上げます
　このたび私たち２人は○月○日に入籍いたしました
　まだまだ未熟な２人ではございますが共に励まし合って　幸せな家庭を築いていく所存です
　今後とも皆様のご指導ご鞭撻を賜りますようお願い申し上げます
敬具

平成○年○月○日
○○ ○○（新郎氏名）
○○（新婦名）（旧姓　○○）
東京都世田谷区○○○○
TEL　○○-○○○-○○○○

結婚通知　文例②

　桃の節句を過ぎ　ようやく春めいて参りました
　皆様におかれましてはお元気でお過ごしのこととお慶び申し上げます
　さて　去る○月○日　○○ご夫妻のご媒酌により私たち結婚いたしました
　まだまだ未熟な二人ですが　今まで以上によろしくご指導のほどお願い申し上げます
　尚　下記に新居を構えました　お近くにお越しの際にぜひお立ち寄りください

平成○年○月○日
○○ ○○（新郎氏名）
○○（新婦名）（旧姓　○○）
東京都世田谷区○○○○
TEL　○○-○○○-○○○○

※下線部は、実際の文面には記入しません。

書く内容

時候のあいさつに始まり、結婚した年月日、今後のお付き合いのお願い、新居へのお誘い、新居の住所、旧姓をつづり、挙式から１カ月以内には送るようにしましょう。

入籍のみの文例

このたび私たちは入籍し
下記にて新生活を始めました
挙式はせず　先日双方の家族のみで食事会を行いました
皆様へのご報告が遅くなりましたことを深くお詫び申し上げます
これからも変わらぬおつき合いのほど
よろしくお願い申し上げます
お近くにお越しの際はぜひお立ち寄りください

平成○年○月○日
○○ ○○ (新郎氏名)
○○ (新婦名) (旧姓　○○)
東京都世田谷区○○○○
TEL　○○-○○○-○○○○

年賀状を兼ねた文例

謹んで新年のお慶びを申し上げます
旧年中は大変お世話になりありがとうございました
実は今年は新年の賀詞と共にご報告がございます
このたび私たちは12月○日に結婚を致しました
これからも変わらぬご指導のほど、よろしくお願い申し上げます
新しい年の皆様のご多幸をお祈り申し上げますと共に　略儀ながら書中をもちましてご挨拶申し上げます
お近くにお越しの際にぜひお立ち寄りください

平成○年○月○日
○○ ○○ (新郎氏名)
○○ (新婦名) (旧姓　○○)
東京都世田谷区○○○○
TEL　○○-○○○-○○○○

退職のあいさつを兼ねた文例

拝啓　朝夕はだいぶ涼しくなってまいりました
皆様におかれましてはますますご健勝のことと心よりお慶び申し上げます
さて　私ごとではございますが
去る○月○日をもちまして株式会社○○経理部を退職し　過日結婚いたしました
在職中は皆様にひとかたならぬお世話になりましたこと　厚く御礼申し上げます
まだまだ未熟な2人ではありますが
笑顔の溢れる幸せな家庭を築いて参りたいと思っております
新居は以下に設けました　お近くにお越しの際にぜひお立ち寄りください
まずは　略儀ながら書中をもちましてお礼かたがたご挨拶申し上げます

敬具

平成○年○月○日
○○ ○○ (新婦氏名) (旧姓　○○)
東京都世田谷区○○○○
TEL　○○-○○○-○○○○

※下線部は、実際の文面には記入しません。

2人の
ウエデングノート

結婚とは、今まで違う人生を歩んできた他人同士だった2人が、夫婦として一緒に生きていくことです。

マリッジブルーという言葉があるように、これから先、結婚に対して不安になることもあるでしょう。結婚式の準備で意見が分かれてしまったり、不満がたまってしまったり。そんなときには、このノートを読み返してください。

そして、2人で生きていこうと決めた瞬間を思い出してください。

ウエディングノートの使い方

このノートは、2人で作り上げていくノートです。結婚が決まったら、必ず2人で書き進めてください。

1. 2人の始まりを書き込み、不安に思うことがあったら読み返して、一緒に生きていこうと決めたときの気持ちを思い出す。
2. 理想の結婚式像を書き込み、選択肢に迷ったら読み返して理想を思い出す。
3. 2人のルールを書き込み、お互いをいたわる気持ちが薄れてきたら読み返して初心に戻る。

2人のエピソード

2人の始まり

プロポーズのエピソード

お互いの好きな所

婚約スタイル

結納について

□ する

- 結納スタイル

□ しない

- 婚約スタイル

お互いの家族のこと

-

-

婚約・結婚指輪

予算　　¥　　　　～　¥

ブランド

・第１候補

・第２候補

・第３候補

デザイン

・第１候補

・第２候補

・第３候補

重視ポイント

入れたい文字

結婚式

どんな式にしたい？

2人の結婚費用

¥

親からの援助費用

¥

理想の挙式

理想の披露宴

譲れないポイント

-
-
-
-

親からのリクエスト

-
-
-
-
-

memo

衣装

新婦の似合っていた衣装

1位

感想

2位

感想

3位

感想

理想のドレス

ライン

ヘアアレンジ

ブーケ

理想の和装

種類

色

ヘアアレンジ

新郎の理想の衣装

色

種類

2人のルール

約束事

・

・

・

・

約束を守れなかったペナルティー

・

・

・

・

未来の2人へ

・5年後の2人へ

・10年後の2人へ

・20年後の2人へ

監修

安部トシ子

株式会社オフィース・マリアージュ代表取締役。1983年に東京都の南青山にウエディングプロデュース会社「オフィース・マリアージュ」を設立。日本で初めて、クイーンエリザベスⅡ世号における本格的なブライダルプロデュースを任されるなど、カップルのニーズに合わせたオリジナル結婚式を多数手掛けている。96年にウエディングのプロを養成するオフィース・マリアージュ「プライベートスクール」を開塾。ホテル・式場の人材教育や各種講演などを実施する傍ら、ウエディング情報誌での執筆も行う。

編集	有限会社ヴュー企画（池上直哉／野秋真紀子／森 公子）
執筆協力	南 ルイ
カバーデザイン	掛川 竜
本文デザイン	佐野裕美子
イラスト	石山綾子

大事なところをきちんと押さえる

結婚の段取りとしきたり

2012年3月15日　初版第1刷発行

監修	安部トシ子
発行者	中川信行
発行所	株式会社マイナビ
	〒100-0003　東京都千代田区一ツ橋1-1-1パレスサイドビル
電話	048-485-2383（注文専用ダイヤル）
	03-6267-4477（販売）
	03-6267-4403（編集）
URL	http://book.mynavi.jp

印刷・製本　株式会社廣済堂

※定価はカバーに表示してあります。
※落丁本、乱丁本についてのお問い合わせは、TEL048-485-2383（注文専門ダイヤル）、
電子メール sas@mynavi.jp までお願いします。
※本書について質問等がございましたら、往復はがきまたは返信切手、返信用封筒を同封のうえ、
(株) マイナビ出版事業本部編集第7部までお送りください。
お電話でのご質問は受け付けておりません。

ISBN978-4-8399-4160-4

Printed in Japan